Tim Herzberg

Darf's ein Viertel mehr sein?

Mein drei monatiges Abenteuer mit dem

Bioness NESS L300®

Impressum

Herstellung und Verlag:
BoD – Books on Demand
Norderstedt

Titel:
Image of a human body in a pentagram, Heinrich Cornelius
Agrippa von Nettesheim, (Public domain)

ISBN: 9783752869637

1. Auflage

Danke

(einfach mal so)

Diagnose:

Massive atypische, ICB (intrazerebrale Blutung)
Großhirnhemisphäre re. kortikal 10/09

bei Mikro-AVM (arteriovenöser Malformation) re. zen.

Kraniotomie mit Entlastung der Blutung 10/09.

neurochirurgischer Resektion der AVM re. temporoparietal
11/09.
Symptomatische Epilepsie, schwere Hemiparese Links.

Mehr dazu und wie ich damit umgehe in meinem ersten
Buch: „Halbe Sachen – Erfahrungen eines Neuros"

erschienen 2014 bei BoD – Books on Demand

ISBN: 3732236072

Vorwort

Das NESS L300 Fußhebersystem hilft durch zeitlich gezielte Elektrostimulation der entsprechenden Beinmuskulatur den Fuß zu heben, aus der Innenrotation zu holen und ein natürlicheres Abrollen zu ermöglichen. Dies geschieht durch eine Manschette, die um die Wade geschnallt wird und Elektroimpulse an die Muskulatur abgibt. Dies geschieht in Kombination mit einem Drucksensor, der im Schuh integriert wird und die zeitliche Auslösung des Elektroimpulses steuert. Vervollständigt wird das System mit der Fernbedienung (Steuereinheit), welches die Manschette kontrolliert.

Heußweg
Heußweg He
Edeka
Emilienstraße
Osterstraße
Eichenstraße
Im Gehölz
Im Geh
Ring 2
B 5
Eicher
Karstadt
Henriettenstraße
Manna Bio
Schulweg
Osterstraße
Karstadt Eimsbüttel
Henriettenstraße
Osterstraße
Professor-Reinmüller-Platz 2
Henriettenstraße
Schulweg
Osterstraße
Grundschule Tornquiststraße
Tornquiststraße
Henriettenstraße
ofessor-nmüller-Platz
Schulweg
Tornquiststraße
Emilienstraße
Henriettenweg
Tegetth

B 5
Fruchtallee
Emilienstraße
Wehbers
Park
Doormannsweg
Eppendorfer W
Tann-Straße
Weidenstieg
Meißnerstraße
Eschenstieg
Fruchtallee
B 5
B 5
Charlottenstraße
Elmsbütteler Chaussee
Fruchtallee
Meißnerstraße
Ring 2
Fruchtallee
Sophienallee
Sophienallee
Doormannsweg
Ring 2
Eppendorfer Weg
Fruchtallee
Fruchtallee
mannsweg
Aldi
©OpenStreetMap-contributors
N
henallee
Vereinss
Vereinss

Mittwoch, 12.04.

Es ist endlich soweit. Die Krankenkasse ist der Klage vorm Sozialgericht ausgewichen und hat angeboten, dass ich das Bioness Ness L300 für drei Monate zur Probe, also zur Miete, bekommen könnte. Ich war vorletzten Freitag gerade in der Tiefkühlabteilung meines bevorzugten Großhandels als mich der Anwalt anrief und fragte, ob es okay wäre, wenn er dem in meinem Namen zustimmen dürfte.

„Klar! Aber sicher doch. Hauptsache es schließt eine anschließende Dauerversorgung nicht aus."

Als dann Montag die Kostenübernahme dafür schriftlich von der Anwaltskanzlei an mich übergeben wurde ging alles ganz schnell. Carolin, Bioness-Spezialistin von meinem Sanitätshaus Mittelpunk Mensch (MPM) rief direkt bei mir an, und wir machten sofort einen Termin. Hab mich noch daraufhin mit meinem Ergotherapeuten Jan kurzgeschlossen, denn er wollte auch unbedingt mit dabei sein. Ich bin mal wieder der Präzedenzfall. Bin der erste im Dunstkreis meiner Therapeuten und Ärzte, der damit auf diese Art längerfristig versorgt wird, und das Interesse aller ist riesengroß. Deshalb habe ich vor Aufregung nur so mittelgut geschlafen. Um neun Uhr ist es endlich soweit.

Als Stammkunde bei MPM winke ich den Empfangsdamen einfach zu.

„Moin! ich schon wieder, hab einen Termin mit Carolin um neun Uhr. Raum drei?" Man kennt sich, und ich gehe schon mal hoch. Kurz darauf trifft auch Jan ein, und Carolin kommt wenig später mit zwei Koffern.

„Oh je", denke ich, „wie soll ich das denn alles transportieren?"

Aber, nur der kleine Koffer ist für mich bestimmt. Der Große enthält die Programmiereinheit, die ich leider nicht bekomme. - Ja, ich gestehe, ich bin ein Nerd ;) - Das Ness L 300 sieht viel nüchterner in real aus als auf den Marketingbildern von Bioness. Es besteht aus der Manschette, dem Drucksensor, der unter die Schuhsohle kommt, und einer kleinen Fernbedienung, mit der man die Manschette steuert. Nachdem der Sensor im linken Schuh platziert ist heißt es: Hose runter, Manschette anlegen.

Das geht sogar einhändig sehr gut. Die Manschette ist so konstruiert, dass eine Aussparung direkt unter die Kniescheibe passt. Sie hält auch unfixiert, zwar lose, fällt aber nicht runter. Somit hat man Zeit, den Gurt von hinten um die Wade herum zu greifen um ihn dann nach vorne rum zu führen und über den Akku zu klemmen. Easy. Sehr gut und ergonomisch durchdacht. Viel falsch machen kann man da nicht. Aber zuerst müssen die Elektroden feucht gemacht werden. Ich werde in die Patientendatenbank der Programmiereinheit eingepflegt und einige Grundeinstellungen später geht's los. Ein Brummen fährt durch meine Wade. Der Fuß hebt sich und dreht von der gewohnten Innenrotation fast in die Normalstellung. Carolin tippt mit dem Stylus auf dem Touchscreen der Programmiereinheit rum, es piept ein paarmal und der Fuß dreht sich noch etwas mehr nach außen. Damit wär' schon mal die Innenrotation weg. Dann probieren wir an der Stärke der Stimulation rum, von recht schmerzhaft bis nicht mehr spürbar. Der Fuß hebt sich entsprechend der Einstellung mehr oder weniger. Carolin wählt eine Einstellung, die ordentlich spürbar ist, aber nicht schmerzt. Hose wieder hoch! Probelaufen.

Ich gehe mit Stock ein paarmal in dem Vorraum auf und ab. Zuerst war ich etwas kippelig aber das legt sich schnell. Es fühlt sich an als ob das linke Bein über den Boden gleitet. Oder schwebt! Besser kann ich's nicht beschreiben. Die schweren und steifen Fleisch- und Knochenansammlungen, die an meiner linken Hüfte hängen und mein linkes Bein darstellen, sind wieder da. Ich trete das erste Mal seit Jahren wieder mit der Ferse auf und rolle tatsächlich über den kompletten Fuß ab. Unfassbar! Ich probiere eine Runde den Stock dabei komplett zu entlasten. Wooahh. Das geht also noch nicht.

„Geduld!", denk ich mir. „Das kommt noch."

Carolin erklärt mir noch die Fernbedienung. Zeigt mir, dass es einen Trainingsmodus gibt, der den Fuß zusätzlich mobilisiert und die Muskulatur dehnt; und wie man die Stärke der Stimulation an der Fernbedienung reguliert. Die einstellbaren Werte gehen von Null bis Neun und auf dem Startwert Fünf ist die für mich ermittelte Idealstärke. Die Akkus brauchen am Ladegerät von Leer bis Voll etwa vier Stunden, am besten einfach über Nacht. Sie gibt mir zwei Elektrodensätze mit, die ich abwechselnd benutzen soll. Der zugehörige kleine Koffer, der unter anderem auch das Ladegerät und die Anleitungen usw. enthält, passt nur hochkant und gerade so in meine Tasche (obwohl ich auf Verdacht die ganz große dabei hatte). Wir verabreden uns zu treffen, am besten mal mittwochs um 9 Uhr bei der Ergotherapie, die im Haus nebenan sitzt. Und das war's. Ich darf gehen ... meins!

Das vorherrschende Gefühl ist natürlich erst mal eine klare Unsicherheit, weil es doch sehr ungewohnt ist. Vor allem das Brummen der Elektroden am Bein lenkt echt ab und der merkwürdige Schwebezustand ist echt anders als alles, was ich in den letzten sieben Jahren erfahren habe. Mit breitem Grinsen geht's in die Firma.

Bei der Arbeit hab ich erst mal mit dem Trainingsprogramm herumgespielt.

Hab's getragen bis zur Siesta um etwa 15 Uhr. Nach der Siesta konnte ich nicht barfuß auf der Ferse auftreten. Ich musste mir Schuhe anziehen, um zum Klo zu kommen, so schmerzhaft war's. So ganz ohne Nebenwirkungen geht's dann wohl doch nicht. Dem vermutlich bevorstehenden Muskelkater wirke ich mit hoch dosiertem Magnesium Phosphoricum entgegen.

Gründonnerstag , 13.04.

Habe heute Morgen etwas Muskelkater. Aber zumindest nicht so stark wie erwartet. Ich werde heute mal den ganzen Tag das Bioness tragen. Der

Fersenschmerz hat sich nicht wiederholt. Ich glaube, ich brauche wohl weiter geschnittene Hosen. Meine Levi's 527 sind dafür fast etwas zu eng. Die Physiotherapeuten waren begeistert. Haben gefragt, wie man die Therapie drauf anpassen kann. Am sinnvollsten ist es wohl, den Fuß und vor allem den Knöchel zu mobilisieren. Hab dann „Gehen mit und ohne im Vergleich" gezeigt.

Erste sichtbare Veränderungen: deutlich schnellere und längere Schritte. Die Innenrotation ist fast nicht mehr zu erkennen. Trete mit der Ferse auf und rolle über den ganzen Fuß ab (vermutlich auch die Ursache für die gestrigen Schmerzen. Die Ferse benutze ich ja seit Jahren nicht mehr, da ich bis dato „platt" auftrete.) Es gibt auch eine deutliche Nachwirkung: Auch bei nur kurzem Tragen und danach ausgeschaltetem Gerät habe ich trotzdem ein verbessertes Gangbild. Mein Therapeut deutete an, dass ich mein Bein nicht mehr so stark aus der Hüfte hole. Und hinzu kommt, dass ich „gefühlt" ein deutlich besseres Gleichgewicht habe. Vermutlich weil ich das linke Bein seit Jahren mal wieder aktiv spüre. Es wird deutlich mehr ins Bewusstsein gehoben.

Und dann habe ich meinen Physiotherapeuten Artour fast gegrillt. Wir haben ihm zur Probe die Manschette umgelegt, und ich habe aus Versehen auf Maximum gestellt bevor ich den Trainingsmodus eingeschaltet habe. Ups, sorry! Er ist fast an die Decke gesprungen und hat vor Schmerz geschrien. Ich bin bei mir im Selbstversuch auch schon bis Maximum gegangen. Unangenehm, ja! aber nicht soo schmerzhaft. Aber, ich habe auch eine Sensibilitätsstörung, nur zwanzig Prozent des Reizes kommen in meinem Hirn an. Während des Gehens spüre ich die Elektrostimulation (ES) fast nicht mehr. Vermutlich weil der Muskel zu genau dem Zeitpunkt angesteuert wird, wenn er es eh sollte. Das fügt sich sauber in den natürlichen Gehvorgang ein. Es fühlt sich richtig an. Was nervt: beim Stehen (vor allem beim Warten auf den Fahrstuhl o.ä.) scheine ich mein Gewicht von Fuß zu Fuß zu verlagern. Der Sensor unter der Schuhsohle denkt dann natürlich, dass ich einen Schritt machen will und löst die ES aus. Beim ersten Mal (direkt nach der Übergabe des Bioness) habe ich mich derart erschrocken, dass ich beinahe umgekippt wäre. Dazu muss ich mir was überlegen, für die drei Minuten wäre Aus- und wieder Einschalten zu aufwändig. Bis ich die Fernbedienung raus geholt habe, ist die Wartezeit meist vorbei. Hab heute statische Entladungen verteilt. Ich scheine unter Strom zu stehen ;) Auf nach Dithmarschen, die alte Heimat. Es ist Ostern. Familienzeit.

Karfreitag, 14.04.

Heute: Ordentlich Muskelkater. Heute mal Pause? Fast. Hab gegen Mittag noch zwanzig Minuten Trainer reingequetscht.

Samstag, 15.04.

Heute fing an mit 15 Minuten Trainingsmodus. Und dann gegen 11 Uhr nochmal 60 Meter auf Kopfsteinpflaster gelaufen mit starkem Gegenwind in Meldorf. Wir sind hier relativ spontan zum Optiker, da meine aktuelle Brille schief sitzt und ich mir eventuell eine neue Brille ordern möchte. Und da ich aufgrund der Spontanität des Ganzen meine Dioptrie-Werte nicht dabei hatte, musste ein Sehtest her. Wir waren mitten im Vorlesen der vierten oder fünften Buchstabenreihe, da schaut mich der Optiker merkwürdig an, und meint:

„Moment, ich muss mal einen Verdacht prüfen ..."

Sein Gerät machte klacker, klacker und im Blickfeld des rechten Auges erscheint ein roter Kreis.

„Liegt das grüne Kreuz in dem roten Kreis?" fragte er.

„Welches grüne Kreuz? Ach so, das ganz links da oben? Nee, ganz weit davon entfernt."

„Moment…" Kurbel, kurbel. Das grüne Kreuz ruckte etwas nach unten und ein wenig nach rechts. Dann wurde es mir klar.

„Doppelbilder-Test?" fragte ich. „Doppelbilder hatte ich mal, sind aber wieder weggegangen."

„Hab ich mir schon gedacht. Dafür merkt man Ihren Gesichtsfeldausfall kaum. Sie haben nur bei einer Buchstabenreihe einen Fehler gemacht und den gleich wieder korrigiert." Ich hatte ihn im Vorfeld darüber aufgeklärt das mein Sichtfeld eingeschränkt ist.

„Ja, dagegen schaue ich dauernd aktiv immer wieder nach unten Links ob ich nicht irgendwas übersehen habe. Also immer wieder zum Anfang der Zeile wenn man am Ende angekommen ist. Dafür ist ein konstantes Training erforderlich, leider rutscht dabei leider gerne mal was durch, " erkläre ich.

Kurbel, kurbel, kurbel, kurbel. Kreuz und Kreis waren jetzt noch näher beieinander, berührten sich aber noch nicht mal, geschweige denn, dass sie deckungsgleich waren.

„Weiter geht nicht." meinte er.

„Ist nicht so schlimm", meinte ich. „ Im Alltag merke ich davon nichts."

Hmm, meine Doppelbilder sind anscheinend noch da.

„Es gibt auch keine Prismen-Folie die stark genug ist, um das zu korrigieren. Ist erstaunlich, dass Ihr Gehirn das im Alltag kompensiert und die beiden Bilder wieder überlagert bekommt. Das muss anstrengend sein." sagte er.

„Nun ja", erwiderte ich. „nach einem Vormittag intensiver Arbeit am Monitor merke ich schon einen Konzentrationsverlust und eine allgemeine Schwächung der kognitiven Leistung. Glauben Sie das ist die Ursache?"

Er meinte daraufhin, dass es durchaus ein Faktor sein könnte, aber er sei da kein Fachmann, kenne meinen Fall nicht und würde sich deshalb kein Urteil erlauben. Ich fragte daraufhin, worauf meine erworbene Sehschwäche zurückzuführen sei. Vor meiner Hirnblutung hatte ich ja nahezu perfektes Sehvermögen und die Augen hätten sich ja physikalisch nicht geändert. Bis jetzt wollten weder Augenärzte noch Neurologen sich dazu äußern.

„Werden Sie auch nicht. Können die nämlich gar nicht. Der neurologische Aspekt des Sehens ist kaum erforscht. Und natürlich saukompliziert. Da stecken wir noch in den Kinderschuhen. Die Hardware hat man ganz gut im Griff, die Software nicht mal ansatzweise verstanden.“

„Also weiter Brille tragen. “ meinte ich.

„Es gibt schlimmeres. “ entgegnete er. Wohl wahr. Da kenne ich mich durchaus aus.

So. Genug Exkurs. Zurück zum Bioness: Die ES war heute etwas unangenehm, hab deshalb von fünf auf vier und dann sogar drei reduziert, viel angenehmer und keine spürbaren Unterschiede beim Laufen, zumindest gefühlt nicht. Ich muss mal die Therapeuten fragen, ob das auch wirklich so ist und klar geht. Wie auch manchmal nach einer längeren Teratrainer-Session drängt sich der Knöchel gerade in den Vordergrund.(Mein Teratrainer, auch Motomed genannt, ist wie ein Fahrradergometer. Nur das darin ein Motor eingebaut ist, der Beine und Oberkörper auch ohne mein aktives Zutun, durchbewegt. Man schnallt seine Füße an die Pedale und der Motor übernimmt den Rest. Tolle Sache, dehnt und mobilisiert mich, beugt Muskel- und Sehnen- Verkürzungen vor.) Der Knöchel scheint etwas gereizt zu sein. Wird jetzt ja auch endlich mal wieder belastet. Nach der Siesta, so gegen frühen Abend, geht's dem Knöchel wieder gut, dafür dreht der Quadrizeps durch (das vierköpfige Muskelkonglomerat auf der Vorderseite des Oberschenkels, das von Knie bis zur Hüfte reicht). Aber das tut er manchmal einfach so, auch ohne neue Reize.

Ostersonntag 16.04.

Heute Morgen wieder 20 Minuten Training. Quadrizeps noch hart aber nur noch irritierend. Auf nach Süderbrarup. Hab das Bioness meinen Verwandten, den Korschs, vorgeführt und bin etwa 20 Meter gelaufen. Ich hatte einige Momente leichter Unsicherheit wegen dem starken Wind. Auf dem Rückweg nach Hamburg musste ich die Manschette abnehmen, da sie in einer fast liegenden Position (Volvo C90 Beifahrersitz) die Durchblutung zum Fuß abschnürte. Nach der Abnahme der Manschette hatte ich das obligatorische Kribbeln im Fuß und nach drei Minuten war alles wieder gut. Rest des Tages werde ich probieren, die Handgelenksorthese mal wieder zu tragen. Passt!

Sie ging erstaunlich gut an. Ich hatte damit gerechnet, dass die Hand fester ist durch den Einsatz des Bioness. Normalerweise wirken sich auch nur kleine Eingriffe im Gesamtsystem massiv auf scheinbar unbeteiligte Bereiche aus. Hab die Bioness-Manschette natürlich beim Anlegen der Orthese nicht angehabt.

Ostermontag, 17.04.

Ich bin heute Morgen mit einem druckempfindlichen Mittelfuß aufgewacht. Naja, ich denke jeder bekommt seine 15 Minuten Aufmerksamkeit. Beim Auftreten gibt's einen deutlichen Schmerz. Dafür war der Muskelkater komplett weg.

Heute war scheißkalt draußen, ein wirklich fieser Nordostwind aus Skandinavien schneidet unerbittlich durch die Stadt. Deshalb nur eine halbe Stunde Trainingsmodus. Ich bin nicht draußen gewesen, hab aber viel eingekocht. Bei den kurzen Strecken in der Küche macht das wenig Sinn mit dem Bioness. Zuviel stehen, zu viele Fehlsignale. Ist wohl scheinbar mehr so ein Mittel- bis Langstrecken-Ding. Hatte auch aufgeweichte Epidermis, da wo die Elektroden aufliegen. Hab ich wohl nass gemacht und nicht nur feucht. Muss ich morgen wohl besser auswringen. Man lernt dazu.

Dienstag, 18.04.

Ostern ist vorbei. Endlich wieder Alltag. Da lässt sich das Bioness viel besser evaluieren. Heute Morgen zum Kaffee 15 Minuten Training. Auf zur Arbeit. Erst mal einige Gänge den Firmenflur auf und ab (etwa 4 x 15 Meter ohne Stock!) Muss eh zu Ella, unsere Finanzministerin, wegen einer Rentenkassen-Geschichte. Ihr Büro ist genau am anderen Ende der Firma. Ich bekomme immer mehr das Gefühl, dass mein Gleichgewicht besser wird. Das Problem bei den im Stehen fehlausgelöstem ES kann man umgehen: Das komplette Gewicht vollständig auf dem Hemi-Bein lassen hilft (ist auch gutes Training), auch wenn ein ständiger Lastwechsel eigentlich auch gut für mein Gleichgewicht und meine Wahrnehmung sind. Aber es gibt eh zigtausend Baustellen, an denen ich mich austoben sollte. Ich probiere mal das Gewicht auf dem linken Mittelfuß zu lassen. Die größte Schwierigkeit dabei ist, daran zu denken. Es wird noch eine Weile dauern bis daraus ein Automatismus wird. Ohne Entlastung des Sensors an der Ferse, keine Fehl-Auslöser. Aber nach und nach gewöhne ich mich auch so an die ES. Gar nicht mehr so unangenehm. Heute auf der Bioness-Webseite gelernt, dass es FES heißt: Funktionelle Elektro-Stimulation.

Mittwoch, 19.04.

Heute erst mal nur 10 Minuten Training zum Espresso. Wer weiß was mich bei der Ergotherapie erwartet. Wir sind quasi einmal ums Gebäude gelaufen und haben im Hinterhof den ersten Videonachweis aufgenommen. Die ersten Erkenntnisse: Am auffälligsten war anscheinend eine deutliche Wahrnehmungsverbesserung der linken Seite. Dadurch finde ich besser meine Mitte, bin aufrechter und belaste links jetzt wieder deutlich stärker. Weitere Maßnahmen: Stock um fünf cm gekürzt, werde jetzt täglich 100 Meter entlang des Schulwegs „spazieren". Priorität Eins: die Bedingungen standardisieren um eine gleichbleibende Messbarkeit zu erreichen. Und protokollieren! Somit wird die FES-Stärke vorerst auf angenehmere vier festgesetzt. Stock näher am Körper (deshalb gekürzt) und wieder verstärkt auf den Seemannsgang achten (links langer Ausfallschritt, rechts kurzer Ausfallschritt, Knie leicht gebeugt, so wird meine linkes Becken mehr nach vorne geholt, um meiner Hüftfehlstellung weiter entgegenzuwirken.) Und nicht an der Medikation herumspielen! An Tagen mit sehr hohem Grundtonus werfe ich mal eine Muskelrelaxan mehr ein. Das soll ich nun nicht mehr. Ich soll mich auch auf maximal zehn Minuten Trainingsmodus täglich beschränken. Das Bioness (über-)fordert das gesamte linke System eh, und jetzt mit 100 Meter Strecke dazu sollte das dem Fuß reichen. Ich habe zum Messen eine Running-App auf dem iPhone installiert und bin von der Ecke Henriettenstrasse/Schulweg 50 Meter entlang des Schulwegs gelaufen (bis zur dritten Straßenlaterne) und zurück. Macht insgesamt 100 Meter. Hatte allerdings unterschätzt wie lang der Weg im Haus noch ist, somit waren es heute insgesamt eher 120 Meter. Es lief super, war fast ein bisschen lasch. Aber ich soll's ja nicht übertreiben und eher Konstanz und Messbarkeit als hohe Weiten erreichen. Qualität statt Quantität! Das mach ich jetzt erst mal eine Woche täglich. Eventuell erhöhe ich das danach auf 200 Meter. Das wäre bis zur Ecke Tornquiststraße und zurück. Ebenfalls gut zu schaffen. Es macht den Anschein als würde das Bioness mich weiter und länger laufen lassen. Das wär ja was.

Donnerstag, 20.04.

Heute Morgen habe ich aufs Training komplett verzichtet, denn es geht zum Bezirksamt um meinen neuen Reisepass abzuholen. Da muss ich eh Strecke machen. Insgesamt waren es 110 Meter. Ich bin ganz entspannt den Seemann spaziert. Am Nachmittag dann bei schönem Wetter nochmal raus und noch bis zur 3. Laterne und zurück gelaufen. Also heute insgesamt 200 Meter. 100 waren einfach etwas wenig. Bespreche ich morgen auch noch mit Jan.

Freitag, 21.04.

Heute Morgen habe ich einen Termin bei meiner Neurologin. Bin gespannt was die so sagt. Immerhin hat sie das ganze ja verordnet. Hab bei mir extra die Hose hochgekrempelt und dann erst die Schiene angelegt um die Manschette besser zeigen zu können. Ist recht frisch mit so nackigem Unterschenkel. Hab's wieder runtergekrempelt. Frau Doktor ist sehr begeistert von der doch sehr sichtbaren Wirkung. Ihr ist auch sofort aufgefallen, dass ich das Bein nicht mehr so stark aus der Hüfte „hebe". Und dass die Innenrotation vom Fuß nicht mehr zu erkennen ist. Heute Nachmittag gab es draußen fiesen Nieselregen. Ich hab stattdessen den Müll mit eingeschaltetem Bioness runtergebracht. Leider gab's kein GPS unter Tage. Somit konnte ich die Strecke nicht messen. Da ich beim Müll runterbringen meine gesunde Hand zum Müllbeutel festhalten benutzen muss, geht kein Stock. Somit fällt der Gang eh aus der Betrachtung raus. Das war dennoch eine interessante Erfahrung, eine längere Strecke mit Bioness und ohne Stock zu laufen. Nicht so kippelig wie damals noch bei MPM aber immer noch zu gefährlich für draußen.

Eine der beiden Elektroden fängt an zu stocken. Kein Wunder, konstante Feuchte und Wärme mit ständigem Hautkontakt. Hab die Kissen mal mit Sterilium getränkt. Ich vermute das können die ab. Die Kissen scheinen mechanisch mit dem Rest der Elektrode verbunden zu sein und nicht geklebt. Ich vermute Sterillium könnte so manchen Kleber auflösen.

Samstag, 22.04.

Die Elektrode riecht jetzt viel besser. Noch leicht stockig aber deutlich weniger. Hab mir schon gedacht. Da die meisten üblen Gerüche ja von Bakterien verursacht werden, hat die Sterilisation sicherlich geholfen. Kochendes Wasser traue ich mich nicht.

Heute Morgen scheint hin und wieder die Sonne. Nach meinem Espresso mach ich mich auf den Weg. Diesmal an der dritten Laterne VORBEI ganz bis zur Tornquiststraße. Die 200 Meter wurden gestern von Jan genehmigt. Hauptsache ich bleibe konstant dabei, wegen der Messbarkeit.

Apropos Messbarkeit: Die Running-App habe ich wieder deinstalliert nachdem sie nach zwei Tagen den Dienst quittierte. Entweder ich gebe meine kompletten persönlichen Daten an die Betreiber weiter oder Aus! Die Mühe mich durch die Datenschutzrichtlinien zu quälen hab ich mir erspart. Weg Damit! Habe mich für eine andere GPS-Tracking-App entschieden. Die gibt's wie Sand am Meer.

Es weht ein feister Wind, der Boden vorm Hauseingang ist sehr nass. Ich check den Regenradar. Kein Niederschlag innerhalb der nächsten zehn Kilometer. Also los. 200 Meter! Ich konzentriere mich auf Stock am Körper halten und Seemannsgang ... huch, schon wieder da? Das ging ja fix. Erstaunlich was passiert, wenn man an was anderes denkt. Ich habe die Strecke in 11:20

geschafft. Ist das gut? Wird sich zeigen. Zumindest ein Richtwert. Darauf lässt sich aufbauen.

Sonntag, 23.04.

Heute regnet es ordentlich, aber hin und wieder gibt's eine Lücke und die Sonne lässt sich blicken. Soll gegen Nachmittag aber besser werden. Erst mal was futtern ... 14 Uhr. Jetzt ist grad pralle Sonne. Regenradar sagt gerade eine 20 minütige Regenpause voraus: Also auf und davon! Aber dann draußen vor der Tür, immer noch dieser eisige Wind. Trotzdem wieder bis zur Tornquiststraße. Vorm Haus entlang ist relativ windgeschützt. Wir leben ja in einer Westwindzone und meine Piste verläuft in Nord-Südrichtung. Kurz bevor ich an der Ecke ankomme gibt's natürlich einen Graupelschauer. Wie gut, dass ich einen breitkrempigen Hut auf habe. Noch eines meiner Mottos: „mehr Mut zum Hut". Hab irgendwann mal gelesen, dass man bis zu 70% seiner Körperwärme über den Kopf abstrahlt. Wer Hut trägt friert weniger. Seitdem trage ich draußen Kopfbedeckung. War aber auch nur ein kurzer Schauer. Als ich an der Ecke ankam war der Spuk auch schon wieder vorbei. Die Zeit: 09:01. Zwei Minuten schneller als gestern? Hab mich wohl etwas beeilt im Graupelschauer. Hab mich wieder sehr aufs Gehen konzentriert aber diesmal mehr aufs Kniebeugen geachtet. Kam mir aber trotzdem langsamer vor als gestern. Ich bin also positiv überrascht.

Tja, zeigt mal wieder wie subjektiv das z Zeitempfinden ist. Ich habe herausgefunden, dass die GPS-App vom Handy nur auf etwa 30 Meter genau ist und die Position nur alle 30 Sekunden abfragt. Obwohl ich schnurgerade gelaufen bin, zeigt die Karte vom GPS-Tracker Sprünge auf die andere Seite des Schulwegs und der ist vierspurig und stark befahren. Den würde ich nicht mal nachts um 4 Uhr diagonal überqueren, geschweige denn im beginnenden Feierabendverkehr. Ich hab zwar einen Hirnschaden, aber bekloppt bin ich noch lange nicht.

Aber der Uhr in dem Handy kann man schon vertrauen. Start und Stopp waren jeweils an der gleichen Stelle, gestern wie heute. Also war ich wirklich zwei Minuten schneller. Wenn sich der Trend bis Ende kommender Woche fortsetzt, breche ich bald fundamentale physikalische Gesetze. Aber ich hege die Vermutung dass die Lichtgeschwindigkeit mir da ein Strich durch die Rechnung macht. Die gibt's ja schon etwas länger als mich. Außerdem haben Photonen einen klaren Gewichtsvorteil mir gegenüber ;)

Hab heute auch keinen nennenswerten Muskelkater und auch der Quadrizeps verhält sich ruhiger.

Montag, 24.04.

Ich wollte eigentlich nach der Arbeit direkt noch vor der Haustür mit meinem Lauf anfangen, musste aber feststellen, dass der Wind eher noch frischer geworden ist und ich nicht ausreichend warm eingepackt bin. Außerdem hab ich das Gefühl, dass die Elektroden heute nicht feucht genug sind und die FES schlecht übertragen wird. Also werde ich erst mal Siesta halten und dann die Elektrode wechseln. Habe jetzt die andere Elektrode genommen und recht feucht gemacht. Testlauf: viel besser. Die FES ist wieder voll da. Leider ist aus dem Wind Nieselregen geworden. Bäh. Aber egal. Ich gehe trotzdem. Ich ziehe mich warm an und wieder ein Hut mit breiter Krempe. Heute zwickt der Quadrizeps jetzt schon etwas, mal gucken wie weit ich komme. Aber es scheint, dass der Wind weg ist und der Nieselregen ist fast warm. Auf dem Hinweg mache ich gut Tempo, und ich mache meine Wende wieder auf dem Gully Deckel direkt neben der

Tornquiststraße. Etwa zwei Drittel auf dem Weg zurück krampft der Quadrizeps plötzlich, und ich muss ein paar Sekunden Pause machen. Gehe dann aber weiter, denn es ist ja nicht mehr weit. Wieder an der Start-Ecke angekommen, lehne ich meinen Stock an die Wand und stoppe den GPS-Tracker. Und siehe da: schon wieder schneller. 08:28. Toll. Leider fand der Quadrizeps das nicht so. Der dreht grad voll am Rad. Ich hatte sogar seit langem mal wieder einen leichten Tremor im Bein. Heute mal früh ins Bett, und ich schluck gleich wieder viel Magnesium.

Dienstag, 25.04.

Es gießt. Und das Regenradar zeigt auch noch nördlich von Hamburg Blitzeinschläge an. Ich nehme zur Sicherheit mal die Handschiene mit. Wenn ich nachher nicht laufen kann, kann mir Artour stattdessen die Orthese anlegen. Der Quadrizeps hat sich weitgehend beruhigt. Er ist nur noch etwas druckempfindlich. Auf dem Weg zur Physiotherapie gab es noch einen kräftigen Schauer und nach der Physiotherapie (Dort wurde der Quadrizeps weich geknetet, die linke Schulter und Arm mobilisiert) schien die Sonne aus allen Rohren.

Also noch gemütlich ein Espresso zur Stärkung und dann auf ins Gefecht.

Ärgerlicherweise wurden im Laufe des Vormittags zwei neue Baustellen entlang meiner Strecke eingerichtet. Pflasterarbeiten auf dem Gehweg und zweier Tiefgarageneinfahrten. Aber ich kann auf den recht breiten Fahrradweg ausweichen. Nur, wie wirkt sich das auf mein Laufen aus? Ich habe 08:42 gebraucht, was etwa eine Minute länger als gestern war. Aber die Länge der Strecke hat sich auf 210 Meter erhöht sowie auch der Schwierigkeitsgrad, da ich auf zwei in die falsche Richtung fahrende Fahrräder aufpassen musste. Geht doch trotzdem.

Mittwoch, 26.04.

Heute hinter den Praxisräumen der Ergotherapie den zweiten Videonachweis aufgezeichnet. Dabei hatte ich wieder das Gefühl, dass die Elektrode nicht so gut leitet. Wir haben die Manschette kurz abgelegt und die Elektrode feuchter gemacht. Die FES war danach wieder deutlicher zu spüren. Nach der Arbeit gar nicht erst hoch in die Wohnung, denn ich hatte während des Heimwegs im Regenradar gesehen, dass zwar aktuell kein Regen fällt, dass es aber in etwa 30 Minuten so richtig runterkommen soll. Handy raus, Tracker an und los. Zeit: 08:08; Schon wieder ein bisschen schneller. Es macht aber den Eindruck als würde sich bei einer Strecke von 200 Metern eine Zeit von um die acht Minuten einpendeln. Das wird weiter beobachtet.

Donnerstag, 27.04.

Mist! Was bin ich nur für ein Dussel. Ich habe es gestern Abend versäumt das Bioness an die Ladebüchse zu klemmen. Hoffentlich hält es den Tag durch. War aber schon klar, dass mir das irgendwann passiert. Ich war nur einen knappen Kilometer unterwegs als die Fernbedienung Kontakt zur Manschette verlor und Alarm schlug. Akku alle! Also erst mal ausgemacht. Aber ich habe mitgedacht und das Ladegerät mit in die Tasche gepackt. Kann ich ja in der Firma laden, damit ich im Anschluss meinen Gang machen kann. Tja, das ist eines der Dinge, die man als Behinderter ziemlich schnell lernt. Vorausplanen und alles drei Mal überlegen, um den Alltag zu optimieren. Wenn man in die Küche geht, gibt's was, was ich schon mal mitnehmen kann? Dann muss ich nicht später nochmal laufen. Auf dem Weg zum Klo die gestern getragene Jeans schon mal Richtung

Waschmaschine mitnehmen. Anschmeißen werde ich die Maschine zwar heute noch nicht, aber was drin ist, ist drin. Kein leerer Gang. Meistens sind's nur Kleinigkeiten, aber die summieren sich über die Zeit. Ich mache das schon eine Weile und es gibt eine unerwartete Nebenwirkung: die Bude ist in der Regel blitzeblank und aufgeräumt und alles befindet sich an einem sinnvollen Platz. Gesunde Menschen können ja ohne weiteres nochmal laufen, aber für mich ist das vermeidbarer Aufwand. Umso mehr Zeit habe ich meine Jazzsammlung zu hören. (Ich bin großer Hard-Bop Fan und ein gutes Viertel meiner etwas über tausend Jazz CDs ist aus diesem Genre.)

Oh, je. Eine Verschlechterung der Zeit. 08:35. Ich wollte wieder direkt vor der Haustür loslegen aber akuter Harndrang zwang mich erst mal in die Wohnung hoch zu tapsen und Wasser zu lassen. Somit konnte ich auch die Tasche loswerden. Frei von Ballast bin ich dann raus in die noch schüchterne Frühlingssonne. Der Wind ist zwar immer noch da, aber er ist nicht mehr so schneidend kalt. Gutes Laufwetter. Hat sich auch so angefühlt. Die Jungs auf beiden Baustellen waren auch fertig und hatten schon abgebaut. Ganz so schlecht ist die Zeit ja auch nicht. Nichts worüber man eine Depression vortäuschen müsste. Also alles im üblichen Rahmen.

Freitag, 28.04.

Da habe ich ja mal Glück gehabt. Ich laufe meine 200 Meter, bin gerade zur Tür rein und da fängt es an zu schütten. Aber so richtig! Große, dicke Tropfen hämmern runter. Aber Stopp! Ich eile voraus. Ich war gerade bei der Ergotherapie. Und war etwas früh dran. Ich nutze die Zeit und geh erstmal aufs Klo, gehe danach zurück in den Wartebereich. Da kommt Jan mit seinem Patienten aus der Behandlung.

Er: „Geh schon mal rein, ich muss noch kurz was im Büro erledigen, bin in ein paar Minuten bei dir."

Gesagt getan. Ich setze mich auf die Kante der Behandlungsliege und schmeiß den Trainingsmodus an. Mein Fuß hebt und senkt sich alle paar Sekunden ... Wie immer mache ich in Gedanken mit. Ich spüre den FES und denke <ZIEEHH> ... <Entspannen> .... <ZIEEHH>... und irgendwie beschleicht mich das Gefühl, dass es hilft, wenn ich mitmache. Ich höre auf mitzumachen. Das Bioness macht weiter ohne mich. Aber nicht so hoch wie gerade eben. Hmm. Ich mach wieder mit.

<ZIEEHH>... Deutlich höher! Und auch mehr Außenrotation. Das bin definitiv ich. Grins! Ich will mehr! Und schalte das Bioness ganz aus. Kurz Kräfte sammeln und ... <ZIEEHH>... der Fuß hebt sich. Nicht so hoch wie mit dem Bioness aber mindestens halb so hoch. Die Zehen gute fünf Zentimeter überm Boden. Das konnte ich noch nie! Ich wiederhole das ein paar Mal und leider wird es immer Schwächer. Als Jan eintrifft sind's nur noch zwei Zentimeter, die ich den Fuß heben kann. Aber immerhin. Zur Feier werde ich am Abend statt einen Salat zu machen mir ganz dekadent zwei bis drei Burger bestellen.

Ach so, ich hab meine 200 Meter in 08:32 geschafft. Fast genau wie gestern und den Fuß aktiv anzuheben gelingt mir zuhause auch nicht so gut. Könnte auch an den 200 Metern liegen. Aber er ist wieder ansteuerbar und ich bleibe dran. Wieder ein Schritt voran. So kann's weiter gehen. Wen kümmert dann schon ein wenig Regen?

Samstag, 29.04.

Heute ist Osterstraßen-Fest. Also möglichst schnell und weit weg. So was ist viel zu wuselig und gefährlich für kippelige Menschen wie mich. Die

Leute passen nicht auf, rennen einen um und mit dem Rollstuhl ist kein Durchkommen. Da passt es mir ganz gut, dass meine Mutter Elsa und ihr Michael eh zur Gärtnerei Rühlemann's Kräuter- und Duftpflanzen wollen. Wir packen zur Sicherheit den Rollstuhl ein und das Bioness hab ich eh um. Trotz langem Wochenende um den 1. Mai, akuter Pflanzzeit und ganz passablem Wetter ist nicht viel los. Aber wir sind auch früh da. Ich nehme trotzdem erstmal den Rollstuhl, um Strecke machen zu können. Stelle aber bald fest, dass im Außenbereich das Gelände nur bedingt Rollstuhltauglich ist. Als ich dann zum Klo und dann eh aufstehen muss, lass ich den Rollstuhl einfach stehen und wechsle zum Bioness. Das klappt super, auch im Außengelände, wo der Untergrund recht schwierig ist. Das geht 30 Minuten gut, aber so langsam füllt sich der Laden und als es dann zu regnen anfängt migrieren alle in den Innenbereich. Dort werde ich zwei, drei Mal unsanft angerempelt. Zur Sicherheit geht's dann in die ruhigere Cafeteria, und ich wechsle wieder in den Rollstuhl, auch weil er der einzige noch freie Stuhl ist. Mutter hat inzwischen ihre Pflanzen auch beisammen, und wir machen uns bald wieder auf den Heimweg. Zuhause führe ich die obligatorischen 200 Meter vor, diesmal in 08:38. Es war aber ein ungemütliches Laufen da es regen

Verkehr wegen des Osterstraßen-Fests gab. Dafür war das Wetter echt gut. (Bei Rühlemann's gab's für mich Blatt-Salbei, hängenden Rosmarin und Französischer Thymian „Varico3", ich musste mich einschränken, da ich noch acht selbstgezogene Kaschmir-Chillipflanzen unterbringen musste, und nun ist der Balkon schon fast voll.) Heute war schön zu erkennen, dass ich deutlich länger als die Standard-08:30 mit eingeschaltetem Bioness aushalte. Ach so: Meine neue Brille sitzt wunderbar, und gut sehen kann ich damit auch.

Sonntag, 30.04.

Es ist wunderschön draußen, die Sonne scheint, der Himmel ist blau, kein Wölkchen in Sicht. Das Handy sagt, je nach Wetterdienst zwischen 12 und 15 Grad. Klasse Laufwetter! Ich also runter und raus ... böser Wind. Böser, böser Wind! (25km/h aus Südost) Schade, sonst wär's ein perfekter Frühlingstag gewesen. Somit laufe ich eher vorsichtig. Ein, zwei Mal ist es sogar knapp vorm Umgepustet werden. Ich hab mich mehr auf Sicherheit konzentriert und den Stock nicht so nah am Körper gehalten wie ich sollte. Eher leicht abgespreizt, und ich lehne mich wieder rein, aber Sicherheit geht vor. Habe nicht schon wieder Lust auf ein gebrochenes

Schlüsselbein oder Handwurzelknochen. Trotzdem eine recht passable Zeit: 08:23. So, aber nun erstmal Siesta. Ich brauch' Ruhe, denn der Quadrizeps meldet sich grad zu Wort.

Montag, 01.05.

Ich habe mir gerade nochmal die Videonachweise parallel angeschaut um zu schauen, ob ich schon Verbesserungen erkenne. Dabei fiel mir auf, dass mein linkes Knie kaum mit macht und sogar nach hinten durchschlägt. Ich werde heute deshalb mal was versuchen: Ich setze mich kurz auf den Theratrainer, nur fünf Minuten, um zu schauen ob ich das Knie nicht vor dem Lauf „aktivieren" kann. Vielleicht geht das auch voll in die Hose. Also 2:30 Vorwärts, 2:30 Rückwärts und los ... Hat überhaupt nichts gebracht. Keine spürbaren Unterschiede zu gestern. Sogar das Wetter war identisch, jedoch nur ein Wackler wegen Wind. Heute etwas schneller (Zeit: 08:19), aber das Bein ist kein Deut mehr in die Knie gegangen. Positiv: Nach einer ausgiebigen Reinigung ist meine Sonnenbrille wieder da!

Nach der Siesta: schmerzhafter Muskelkater im Quadrizeps und fest ist er auch. Und zwar ordentlich, also wieder Magnesium fressen. Knie-

Versuch gescheitert. Aber, wer nicht wagt, der nicht gewinnt.

Dienstag, 02.05.

Auf dem Weg zur Arbeit fiel mir auf, dass ich häufiger als sonst den Storch mache und zwar vermehrt Links auf einem Bein stehe und nicht wie üblich auf Rechts. Dass ich der rechten Seite vertraue, ist ja hinlänglich bekannt, die ist ja auch gesund. Dass ich meiner linken Seite so schnell mehr zutraue, hätte ich nicht erwartet. Ich befrage nachher mal Artour dazu ... Artour ist der gleichen Meinung. Ihm ist auch aufgefallen das ich Links jetzt wieder mehr belaste. Er meint, durch die Stimulation werde ich der totgeglaubten Seite wieder bewusst. Wie auch Jan von der Ergo, glaubt Artour, dass ich große Schritte in Sachen Wahrnehmung mache. Dass ich deutlich gerader und auch aufrechter geworden bin. Ich habe auch gebeichtet von meinem Fehlschlag, dass ich vor meinem Lauf zum Anregen des Knies noch ein wenig Theratrainer gemacht habe und die entsprechende Reaktion des Quadrizeps.

„Und da wunderst du dich? Gewöhne dich doch erstmal an das Bioness, bevor du rumspielst.“

Ja, ist ja gut, Lektion gelernt. Ich neige halt dazu wenn's gerade bergauf geht, schnell mehr zu wollen. Gerne auch mal zu viel. Heute ist eh einer dieser Tage mit sehr hohem Tonus. Nicht nur das Bein, weil es sich an den Bioness-Eingriff anpassen muss, sondern auch das gesamte System einschließlich Arm, Nacken und besonders die Hand. Normalerweise würde ich zwei Baclofen einwerfen. Aber ich soll ja nicht an meinem Medikamentenspiegel herum spielen, also lass ich es. Ich trink lieber zwei Bier und geh einfach mal früher ins Bett.

Och, nööö. Das Wetter spielt auch nicht mit und kippt. Aus leicht bewölkt ist Dauerregen geworden. Laufen fällt aus. Schade, es waren zehn Tage hintereinander weitestgehend nur Fortschritt. Vielleicht versuch ich's morgen früh vor der Ergotherapie.

Hab vorhin mal am Rechner gemessen. Der nächste Schritt wäre vielleicht bis zum Park und das sind etwas über 250 Meter. Kann man ja auf Verdacht vielleicht mal probieren. Aber ich frage morgen lieber mal Jan. Und erst wenn der Tonus wieder runtergeht.

Mittwoch, 03.05.

Heute wieder früher aufstehen, denn wenn Ergo ist, muss ich eine Stunde früher los. Deshalb bin ich etwas müde und aus dem Lauf vor der Therapie wird leider nichts. Jan sagt Nein zu dem längeren Gang. Zumindest nicht regelmäßig. Ich soll bei meinen 200 Metern täglich bleiben und kann ja mal am Wochenende längere, abweichende Strecken probieren. Ich habe auch noch mal Mecker wegen der Theratrainer-Aktion abbekommen. Ich soll mich lieber erst auf die Hüftfehlstellung konzentrieren, die lässt sich zumindest korrigieren, und das Knie soll ich erst mal Knie sein lassen. Die Knie-Baustelle ist aktuell sekundär. Also, breitere Spur beim Gehen, Stock noch näher am Körper, und immer die linke Hüfte, gerne durch einen noch kürzeren rechten Schritt, nach vorne holen. „Und keine dusseligen Aktionen die außerhalb der Norm sind."

„Comprende?" „Si, Señor."

Erstaunlich! Trotz erheblicher Müdigkeit bin ich super gelaufen. Schön auf den richtigen Gang geachtet und die Hüfte immer extra nach vorne geschoben. Es war auch noch eine gute Zeit: 08:16. Das dauert nicht mehr lange und ich bin unter acht Minuten.

Donnerstag, 04.05.

Ich bin letzte Nacht beinahe noch gestürzt. Ich bin mit der linken Schulter dermaßen mit dem Türrahmen kollidiert, daas ich beim Abprallen fast das Gleichgewicht verloren habe. Knappe Sache.

Und ich glaube, dass ich die Elektroden gelegentlich nicht ausreichend nass gemacht habe. Ich hatte ja schon mehrfach den Verdacht, dass die FES nicht sauber übertragen wurde. Die Filzkontakte sind erstaunlich saugfähig und sehen, nach kurzem unter fließend Wasser Halten, schon recht feucht aus. Sie sind dann aber nur oberflächlich nass und in tieferen Schichten noch trocken. Somit werde ich ab jetzt die Elektroden vollständig durchtränken, und Unterwasser richtiggehend Wasser in das Filz einkneten und erst danach ausdrücken bis sie nicht mehr tropfen. Sie funktionieren dann viel besser.

Seit heute Morgen bin ich wieder an mindestens drei Türrahmen hängengeblieben. Das passiert mir in letzter Zeit häufiger. Hatte das zuerst auf Schusseligkeit abgeschoben. Aber der beinahe Sturz gestern Abend war für mich ein „Eye opener." Belaste ich die linke Seite wieder so viel, dass ich insgesamt weiter nach links rüber komme und Sachen anstoße? Oder ist die linke Seite wieder soweit präsent, dass ich es jetzt erst merke hängen geblieben zu sein? Gleich mal Artour fragen ...

Artour sagt: „Ganz logisch. Ein klarer Fall von left (lateral) shift. Da du Links mehr belastest, wandern dein Oberkörper und auch dein Schwerpunkt weiter nach links. Jetzt wo du wieder gerader bist, bleibst du an Sachen hängen an denen du in deiner früheren, schiefen Ausrichtung locker vorbeigekommen wärst. Reine Gewöhnungssache, geht wieder weg.“

Hoffentlich dauert die Umgewöhnung nicht wieder Jahre. Hatte mir gerade das Anstoßen mühsam abgewöhnt. Hab keine Lust auf Stürze. Bin nämlich jetzt inzwischen zwei, oder sind's schon drei, Jahre sturzfrei. Nee, ich glaube doch nur zwei. Na, das kann ja noch lustig werden.

Direkt nach der Physiotherapie habe ich meinen Lauf gemacht. Und da es schon anfing zu tröpfeln, als ich erst ein Drittel des Hinwegs hinter mir hatte, musste ich mich beeilen. Unter ungünstigen Bedingungen, mit sperriger Handgelenksorthese angelegt und großer Tasche unterwegs, habe ich trotzdem die acht Minuten Marke geknackt! Und nicht nur knapp. Sondern deutlich mit 07:16. Tolle Sache, eine Minute schneller als gestern.

Freitag, 05.05.

Heute ist nicht wirklich was Spannendes passiert. Noch nicht mal laufen konnte ich, denn es hat gegossen. Bin schon auf dem Weg zur Haustür nass geworden. Bäh. Immerhin hat Jan Artours Grund für mein Hängenbleiben bestätigt. Ich bin also wirklich aufrechter geworden. Immerhin etwas. Ich spüre die FES auch immer weniger. Beim Laufen hat die eigentlich nie gestört, da sich der Impuls eh in den Ablauf einschmiegt. Aber neuerdings spüre ich sie auch im Stehen nicht mehr so sehr.

Samstag, 06.05.

Heute Morgen noch bedeckt, dann endlich wieder Sonne. Schnell raus. Zu spät, war wohl nur ein kleines Loch in der sonst geschlossenen Wolkendecke. Hmpf. Aber es ist fast warm und der Wind ist weg. Also los! Somit läuft sich es gut. Auch kaum jemand unterwegs, der stören könnte. Irgendjemand in der Nachbarschaft grillt. Es riecht nach Schweinefett auf Holzkohle. Gute Idee. Nachher gibt's Würstchen. Holzkohle wird bei uns im Haus nicht so gerne gesehen, aber ich hab ja deshalb auch 'nen Gas-Grill. Ich komme zurück und der Quadrizeps macht Stress. Aber die Zeit ist gut:

07:06. Igitt! Bin in ein Kaugummi getreten. Da bin ich eh für ein generelles Verbot. Das hat Singapur schon verstanden. Nutzloses, sinnfreies Zeug!

Sonntag, 07.05.

Heute passt aber wirklich mal alles. Blauer Himmel, strahlender Sonnenschein, kein Wind. Nur habe ich jetzt zum zweiten Mal vergessen das Bioness in den Lader zu stöpseln. Das merke ich so gegen halb Zehn und schließe Manschette und Fernbedienung schnell an den Strom an. Drei bis vier Stunden sind dann so gegen 13 bis 14 Uhr. Vielleicht reichen ja auch zwei für meine kurze Strecke. Bestimmt sogar. Also schnippel ich erst mal Gemüse für den Grill und hol schon mal die Krakauer aus dem Kühlschrank, damit die heute Nachmittag Zimmertemperatur haben. So gegen halb Zwei runter und los zum Laufen. Nach zwanzig Meter dann: Ich laufe fast blind, die Sonne blendet! Ich ziehe die Mütze weiter ins Gesicht. Besser! Ich bin trotzdem etwas unkonzentriert und habe auf dem Rückweg ein, zwei kipplige Momente aber nichts was mein zurück erobertes Gleichgewicht nicht hinbekommt. Wieder an den Ausgangspunkt gekommen bin ich etwas enttäuscht. Ich hatte mit einer Zeit unter sieben Minuten gerechnet. Bin aber mit 7:05 nur knapp dran vorbei. Hätte ich doch bloß an die Sonnenbrille gedacht. Morgen soll das Wetter schon wieder kippen.

Hinweis:

Die kommenden Wochen sind nicht so spannend und eher anstrengend, auch für mich. Ist ein wenig wie bei Herr der Ringe, 2. Buch, wo Sam und Frodo durch die Sümpfe Richtung Mordor reisen. Es ist eine ziemlich mühsame und zähe Stelle, die auch anstrengend zu lesen ist. Eine monotone Stelle in einem Buch mit ansonsten sehr abwechslungsreichen parallelen Erzählsträngen und dieses Kapitel ist vermutlich absichtlich so geschrieben, um den Leser an die Mühen der Helden und deren Erschöpfung teilhaben zu lassen. Spannend bei Sam und Frodo wird's eigentlich erst wieder am schwarzen Tor Mordors, und ich gestehe bei einigen Malen bei der Lektüre diese Stellen übersprungen zu haben. Der Aragorn Strang ist viel aufregender. Ich bin meinem Leser also nicht böse, wenn dieser dies bei mir auch tut. Ich empfehle bis etwa zum 18.05. zu springen, da gibt's eine Überraschung. Ansonsten, Willkommen in meinen Sümpfen.

Montag, 08.05.

Letzte Nacht kam ordentlich was runter. Und heut Morgen sah es noch ziemlich düster aus. Aber dann so gegen Mittag klärte es auf. Also nach dem Heimweg direkt auf die Strecke. Hin war super. Auf dem Rückweg habe ich mir ein kleines Rennen mit einer älteren Dame am Rollator geliefert. Und verloren. Sie hatte ein großes Lächeln im Gesicht als sie davon zog. Ich gönne es ihr. Der scharfe Wind war nur noch ein blasser Abklatsch von dem der letzten Tage, blies aber trotzdem noch unangenehm mitten ins Gesicht. Habe wieder nicht die sieben Minuten geknackt: 07:07.

Dienstag, 09.05.

Krampf! Morgens um 6 Uhr. Au! Super, fängt der Tag schon mal gut an. Da werde ich heute den ganzen Tag mit zu kämpfen haben. Es ist mal wieder der Quadrizeps und zwar ordentlich. Wer auch sonst? Eigentlich ist es auch die einzige Muskelgruppe die konstant Probleme macht. Der Rest meldet sich zwar auch gelegentlich aber nicht mal im Ansatz so schlimm. Bei der Physiotherapie knetet Artour mein Quadrizeps wieder halbwegs in Form. Immerhin so gut genug das ich mir die 200

Meter zutraue. Mir ist klar das dies heute kein Rekord wird, Handgelenksorthese an, große Tasche um und muskulärer Stress im Oberschenkel ... das wird nichts berauschendes. Ich komme zurück und siehe da, gar nicht mal so schlecht 07:27. Gehe zur Eingangstür suche meinen Schlüssel raus ... vergebens. Der Schlüssel ist weg! Mist! Also, was nun? Erst mal bei den Physios anrufen, ob ich ihn da verloren habe. Da hatte ich den noch. Auch nicht. Weder im Behandlungsraum eins noch im „Wohnzimmer"(das Wartezimmer der Praxis). Dann vielleicht im Taxi ... Also bei Hansafunk anrufen:

„Guten Tag, Sie sind bei uns registrierter Kunde, Wenn Sie ein Taxi in die H'nrie'enstr'sse EINS bestellen möchten dann drücken Sie bitte die Taste Eins, wenn Sie ein Taxi in d ..." usw. bis endlich: „Wenn sie mit einem Mitarbeiter sprechen möchten, drücken Sie bitte die Null." Ich drücke die Null. Zu meiner Überraschung geht am anderen Ende sofort jemand ran, Normalerweise ist um diese Zeit ordentlich was los und man landet gerne mal drei bis fünf Minuten in der Warteschlange, aber, Nein:

„Hansa unk Taxi, mein Name ist ... <Hab ich schon vergessen, sorry, nennen wir Sie der Einfachheit halber mal Monica>... Monica, wie kann ich ihnen helfen?"

„Moin Monica, Tim Herzberg, Ich bin grad eben vom Holstenplatz 20 per App-Bestellung nach Hause gefahren worden und glaube, dass ich meinen Schlüssel im Taxi hab liegen lassen.“

„Alles klar, auf dem Namen Herzberg?“ fragt Monica. Ich bin registrierter Kunde und über die Telefonnummer, über die ich gerade anrufe, müsste das System mich doch als solcher erkennen. Außerdem hab ich mich doch gerade so gemeldet, aber was soll‘s, ich antworte freundlich: „Ja, genau“.

Monica stellt die nächste Frage: „Wo saßen Sie?“ Die Frage kommt etwas unerwartet und erwischt mich auf dem falschen Fuß.

„ Naja, im Taxi, war eines dieser Toyota Hybrid-Dinger ...“

„Nein, nein, auf welchem Sitzplatz?“ präzisiert Monica.

Ich verstehe jetzt: „Ach so, vorne links... neee rechts ... Beifahrer, Beifahrersitz.“ Die Links-Rechts-Schwäche hat jetzt ausnahmsweise mal nichts mit meinem Schlaganfall zu tun, das war vorher auch schon so.

„Wohin ging die Fahrt?“ wollte Monica auch noch wissen.

„Henriettenstraße Eins" erwiderte ich.

„Alles klar! Bleiben Sie dran, legen Sie nicht auf, egal was jetzt passiert, bleiben Sie in der Leitung. Ich versuche jetzt den Fahrer zu erreichen."

"Okay." Da bin ich ja gespannt. Die Leitung wird still … und bleibt still … für so knappe 45 Sekunden … Dann ist Monica wieder dran.

„Tut mir leid, ich hab den Fahrer nicht erreichen können, aber es war Taxi 371. Rufen Sie noch mal in einer Viertelstunde an und nicht vergessen: Taxi 371."

„ 371, hab ich." bestätige ich.

„Genau, Tschüss." Monica ist weg. Und nu'?

Dann chatte ich meine Frau an. Die ist zwar gerade recht beschäftigt, arbeitet aber in der Nähe und hat einen Notfallschlüssel. Sie ist zum Glück grad erreichbar und macht sich gleich auf den Weg. Zumindest komme ich jetzt noch rein. Ich gucke noch mal den Gehweg hoch und siehe da. Etwa zwei Drittel des Wegs zur Ecke Tornquiststraße liegt ein mir sehr verdächtig bekannt vorkommendes Schlüsselband. Oh Mann! Ich gebe meiner Frau Entwarnung und mach mich nochmal auf den Weg entlang meiner Rennbahn. Irgendwie kann heute echt nur noch besser werden.

Mittwoch, 10.05.

Heute ist ein Monat rum. Das ging schnell. Und Carolin kommt zur Ergo, um zu schauen, wie es läuft. Und wie immer an genau solchen Tagen, wenn der Termin wichtiger ist als sonst, kommt natürlich kein Taxi. Die App sagt neun Minuten. Es werden locker Zwanzig. Ich komme zu spät. Aber wir besprechen das weitere Vorgehen. Und viel wichtiger: Wir kommen dazu die Grundeinstellung der Fernbedienung zu ändern. Starteinstellung ist, wie ich heute lernen durfte immer 5 und geht immer von 0 bis 9. Es ist die Stärke der Stimulation, die man ändern kann. Die vorher bei 4 eingestellte Stärke ist jetzt auf 5 verlagert. Letztlich muss ich nicht mehr jeden Morgen, wenn ich das Gerät einschalte, schnell von 5 auf 4 runterschalten. Die Fernbedienung zeigt zwar immer noch 5 an, hat aber die Werte von dem was vorher 4 war. Also: four is the new five!

Leider reichte die Zeit nicht für den nächsten Videonachweis. Aber das können wir ja Freitag nachholen. Ach so, wir haben noch meinen

Quadrizeps mit Kinesio-Tape entlastet. Scheint zu wirken. Das wär toll. Wird sonst wieder Zeit den mal wieder mit Botox abzuschießen. Aber erst nach der Bioness-Erprobung. Ich will ja meine Messreihe nicht entwerten.

Sehr nett: Hatte noch Besuch von meiner Schwiegermutter Renate. Sie hatte meine Wohnung noch nicht gesehen und nach der Besichtigung sind wir zum Griechen um die Ecke gegangen. Ich bin von den 300 noch gute 200 Meter gelaufen. Als es dann doch sehr Bergauf ging, bin ich in den Rollstuhl gewechselt, den wir eigentlich nur für den Rückweg mit hatten. Man muss nämlich meinen 200-Meter-Lauf von heute Nachmittag von 07:08 dazurechnen. Damit sind's heute insgesamt 400 gemessene Meter plus den Kleinkram der eh so immer in der Wohnung und bei der Arbeit anfällt. Das war aber, auch wenn ich's nicht bis zum Schluss geschafft habe, trotzdem ein sehr schöner erweiterter Alltagstest.

Eigentlich fehlt jetzt nur noch ein Fazit für den ersten Monat: Insgesamt bis jetzt sehr gut. Es erfordert viel Disziplin und Arbeit. Für beides bin ich nicht bekannt, und dafür schlage ich mich recht gut. Aber das Bioness motiviert mich sehr und daraus resultieren sehr gute Ergebnisse. Die

Mehrarbeit lohnt sich, denn es geht endlich wieder spürbar voran. Vor allem die Tiefenwahrnehmung (Propriozeption) und das Gleichgewicht werden deutlich besser. Nach dem Ausschalten/Abnehmen der Manschette gibt es ein etwa zwanzig minutiges Nachwirken. Aber ohne gibt es leider wieder eine deutliche Verschlechterung des Gangbildes (wieder ein plattes Auftreten des Fußes und „Heben" des Beins aus der Hüfte sowie Gleichgewichtsprobleme) und das Laufen fühlt sich wieder falsch an.

Donnerstag, 11.05.

Ich habe heute vergessen die Handgelenksorthese mit zur Physiotherapie zu nehmen. Mache ich eigentlich konsequent seit ich die bekommen habe. Nun ja, passiert. Somit durfte Artour mich auf andere Art foltern. Er ist halt mein Physioterrorist, Terror-peut. Der Lauf war schön, tolles Wetter und die Zeit war mit 07:15 auch nicht schlecht. Das Tape auf dem Quadrizeps scheint zu wirken, denn der ist viel entspannter. Die fast doppelte Strecke von gestern macht sich dagegen kaum bemerkbar. Zahnarzt sagt: alles gut. Aber wie immer, Interdentalbürsten!

Freitag, 12.05.

Wieder Regen. Bei der Ergotherapie haben wir das Tape auf dem Quadrizeps erneuert, da es wirklich geholfen hat. Gegen späten Nachmittag kam dann noch die Mutter vorbei und zu dem Zeitpunkt hatte der Regen aufgehört. Also Lauf mit Muttern. Wir haben dabei viel gequatscht und somit war die Zeit nicht so berauschend. Etwas unbefriedigende 08:09. Nun ja, man wird sich ja wohl auch mal einen Ausrutscher erlauben dürfen. Und, außerdem Glück gehabt. Danach gab's Starkregen und ein prächtiges Gewitter.

Samstag, 13.05.

Ich habe keine Ahnung woran es liegt, aber heute ist echt gut. Bin aufgewacht mit einem sehr guten Gleichgewichtsgefühl und einer regelrechten Leichtigkeit. Dagegen ist die Luft draußen schwer. Warm und feucht. Mehr Gewitter sind im Anmarsch. Also noch schnell das Dinkelvollkornbrot in den Ofen schieben und noch vor dem Weltuntergang los, denn im Westen ist es nicht nur dunkel sondern fast schwarz ... Ich kann mich nicht erinnern, wann ich das letzte Mal einen solchen Vorwärtsdrang hatte. Ich musste mich regelrecht bremsen, denn ich hatte

Schwierigkeiten meine Beine schnell genug wieder nach Vorne und unter mir zu bekommen. Ich wäre sonst vornüber gepurzelt. Wobei, das Laufen ist ja letztlich nur ein kontinuierliches, kontrolliertes nach vorne fallen. Man muss nur die Beine schnell genug wieder drunter bekommen. Entsprechend ist die Zeit mit 06:56 auch super!

Party in der kleinen Freiheit. Hab auch dort immer noch das Bioness um. Aber die Elektroden sind nicht mehr so wirklich feucht und der Impuls wird nur geschwächt übertragen. Ich feiere gemütlich bis morgens um eins bis mein Hals von dem ganzen Rauch zu kratzig wird und ich anfange zu husten. Ich hoffe, die Leute brauchen nicht auch alle, wie ich damals, anderthalb Monate künstliches Koma, um mit dem Rauchen endlich aufzuhören, denn der Opiatentzug soll nicht so toll gewesen sein. Klonidin, Propofol und Sufentanil. Nicht so lustig. Drei der Gründe warum ich auf Lebenszeit noch nicht mal mehr Blutplasma spenden darf.

Sonntag, 14.05.

Das Wetter ist der Wahnsinn. Blauer Himmel und satte 20°C. Es weht kein Lüftchen und trotzdem wirkt die Luft frisch. Das nenn ich mal perfektes

Laufwetter. Ich bezweifle, dass ich die Zeit von gestern schlagen kann, denn die Leichtigkeit ist zwar noch da, aber nicht halb so stark. Ich laufe los und wuuuuusch, packt mich wieder dieser Vorwärtsdrang. Schon wieder will der Oberkörper schneller als die Beine mitmachen können. Aber heute hab ich's gut im Griff und kann sogar noch vorsichtig etwas beschleunigen.

Kann es sein, dass Kleinkinder die Laufen lernen, das auch so empfinden, und deshalb so häufig auf die Nase fallen? Wundern würde mich das nicht. Nur dass ich mir etwaige Stürze nicht erlauben kann, bei einem Fallweg von jenseits der 180 Zentimeter und einem Gewicht von über 70 Kilo, die auf Betonplatten klatschen würden, da können Knochen brechen. Sind auch schon: z.B: gering dislozierte laterale Claviculafrakutur links, 02/2016.

Es beschleicht mich auch das Gefühl, wenn ich an mein aktuelles Tempolimit komme, dass mein linkes Knie sich etwas beugen würde. Ist nur ein Verdacht, werde ich aber im Auge behalten und ein wenig den Schwerpunkt beim nächsten Mal weiter herabsenken, um etwas mehr Gewicht darauf zu bekommen. Ich habe der Zeit von gestern weitere

30 Sekunden abgenommen (06:27). So kann's ruhig noch 'ne Weile weitergehen.

Montag, 15.05.

Das tolle Wetter scheint mich zu beflügeln. Heute Morgen noch geschlossene Wolkendecke und als ich aus der Firma kam strahlender Sonnenschein. Allerdings drückte die Blase schon als ich mich auf den Heimweg machte. Laufen? ... Klo? ... Laufen? ... Klo? Hmmm. Stehst du nochmal auf, wenn du hochgehst und eh gleich Siesta machst? Ach, dat geht schon: Los, laufen! Beim letzten Drittel fällt mir wieder ein: Schwerpunkt runter und wieder fühlt es sich an, als würde das Knie sich etwas beugen, kann das aber nicht verifizieren. Aufs Knie runter zu gucken würde mich überfordern und vollends aus dem Takt werfen. Aber schon das Gefühl spornt an. Die Zeit heute: 06:41. Ziel für diese Woche ist unter sieben Minuten bleiben, und dann vielleicht unter die sechs Minuten zu kommen, aber das reicht auch nächste Woche.

Dienstag, 16.05.

06:56. Und jetzt kommen die Ausreden: Regen, Handgelenksorthese, große Tasche, mies geschlafen, Hunger. Sagte ich schon Regen? Aber ehrlich, heute ist irgendwie nicht mein Tag. Es ging schon heute Morgen mit einem Krankenwagen los. Nee, nicht für mich, für wen anders! Aber der musste unbedingt vor meinem Schlafzimmerfenster mit seiner Sirene loslegen? Um halb Sechs? Bin dann direkt aufgestanden. Duschen, Doppelter Espresso. Bin früh unterwegs und werfe CNN an. Erheiternd fand ich, dass unser aller Lieblings-„apprentice" im Weißen Haus mal wieder Mist gebaut hat. Ich bin übrigens nicht unglücklich, dass Trump gewählt wurde. Denn dann können die diesen Populisten-Mist auf der andere Seite des Teichs ausprobieren. Dann kapieren unsere Deppen vielleicht das es so nicht funktioniert. Ich schaue mal aus dem Fenster, Regen, ordentlich. Na super. Arbeit, Physio. Das Taxi zurück braucht lange, um mich zu finden: Wasserrohrbruch Ecke Holstenstraße/Max Brauer-Allee. Immerhin, es nieselt nur noch als ich an der Piste ankomme. Los? … Hmpf, bei Niesel? … wenn ich eh schon hier stehe. Los! Immerhin noch unter sieben Minuten. Also nicht ganz umsonst, der Tag.

Mittwoch, 17.05.

Heute schon mal kein Krankenwagen vorm Fenster. Auch das Wetter soll besser werden. Angesagt sind 26°C. Bei der Feuchtigkeit der letzten Tage wird's heute richtig schwül. Na, mal schauen, was der Quadrizeps dazu sagt. Bei der Ergo haben wir den nächsten Videonachweis gefilmt. Daraus gelernt, dass ich wieder verstärkt auf „Hüfte nach vorne" achten muss. Das FES fühlt sich heute sehr stark an, fast schmerzhaft. Und später komme ich aus der Firma und laufe gegen eine Wand! Also, eine Wand aus warmer, dicker Luft. Keine Echte. Aber ich merke schnell, dass ich viel zu warm angezogen bin. Aber egal, ich bin wieder etwas beflügelt. Links lang, Rechts kurz. Links lang, Rechts kurz <repeat> ... läuft. Zeit ist wieder gut: 06:20.

Donnerstag, 18.05.

28°C heute? Glaube ich erst wenn ich's sehe. Noch ist's recht bewölkt. Muss nachher zur Neurologin Rezepte für meine Medikation abholen, sonst wird's nächste Woche knapp. Ich bekomme täglich nur noch Levetiracetam: 750 0 750 und Baclofen: 20 0 20 (Erste Zahl ist die Dosis morgens, zweite Zahl mittags, letzte Zahl abends; jeweils in Milligramm

Wirkstoff). Levetiracetam ist mein Antiepileptikum und Baclofen mein Muskelrelaxans. Zum Glück habe ich bei beiden keine nennenswerten Nebenwirkungen. Das ist nicht bei jedem so.

Es sind wieder Gewitter im Anmarsch, und ich beeile mich beim Lauf, vereinzelt fallen, die ersten Tropfen. Aber irgendwas ist anders. Auf dem Heimweg fühle ich mich regelrecht erschöpft und auf der Laufstrecke bleibe ich mit den Zehen des linken Fußes an einer kleinen Gehwegplatten-Kante hängen und stürze fast. Die Innenrotation am Fuß macht sich auch wieder deutlich bemerkbar. Insgesamt bin ich sehr unsicher unterwegs. Fast kippelig. Ja, die Luft ist zwar dick und stickig, aber das war sie gestern auch. Ich verstehe es einfach nicht. Zurück an der Henriette sehe ich die Zeit: 8:54. WAS? Fast drei Minuten langsamer? Ich schleppe mich etwas deprimiert hoch in die Wohnung. Oben angekommen verstehe ich, warum ich solche Probleme hatte:

Das Bioness war gar nicht an!

Normalerweise habe ich eine Jacke, Sakko oder ähnliches an, in der ich die Fernbedienung vom Bioness in der Seitentasche habe. Da heute fast 30°C angesagt waren, hab ich auf die Jacke verzichtet und habe die Fernbedienung in der Hosentasche. Das war wohl nicht so clever, denn anscheinend muss ich aus Versehen das Bioness ausgeschaltet haben. Umso erstaunlicher ist es, wie das Bioness mich anscheinend um ein Drittel schneller und so viel sicherer macht. Alle Symptome, die das Bioness gleichschaltet, waren wieder da. Bin gespannt auf morgen, und ob die Zeit wieder bei um die sechseinhalb Minuten liegt.

Freitag, 19.05.

Es scheint so als hätte ich die Elektroden wieder nicht nass genug gemacht. Die FES ist weniger spürbar und trotzdem bin ich stabiler als gestern Nachmittag. Auch wenig Bioness ist besser als gar kein Bioness. Ich werde wohl vorm Lauf mal die Elektrode wechseln/nässen müssen. Hoffentlich schaffe ich's vor dem angekündigten Regen. Noch bei der Arbeit mache ich die Elektrode wieder feuchter. Die FES ist wieder voll da. Dann, auf dem Heimweg, fängt es an zu regnen. Dicke Tropfen, aber nur wenige, vereinzelte. Sieht aus als würde Laufen ausfallen.

Angekommen. Es ist warm, sogar satte 24° und es sind zwar dicke, fette Tropfen, aber wirklich nur hier und da mal einer. Die Gehwegplatten sind nur gesprenkelt. Soll ich? Ich riskier's! Was kann schon groß passieren. Im schlimmsten Fall werde ich halt nass. Ich leg los und mache gut Tempo. Habe nicht den riesen Vorwärtsdrang, aber ich kann den Stock wieder am Körper führen, da ich stabil bin und mich sicher fühle. Ich kann mich wieder voll aufs Gangbild konzentrieren und schiebe immer wieder die Hüfte vor. Spitzfuß und Innenrotation von gestern sind wieder weg. Insgesamt bekomme ich auf den ganzen 200 Metern etwa zwanzig Tropfen ab. Und schaffe die Strecke in 06:03. Ganz knapp die Fünf vorm Komma verpasst. Wieder in der Wohnung angekommen geht's los. Draußen geht die Welt unter. Die dicken Tropfen haben Freunde mitgebracht und zwar richtig viele. Schwein gehabt!

Samstag, 20.05.

Was für ne Nacht! So ein heftiges Gewitter habe ich lange nicht mehr erlebt. Heute ist leider nichts mit langem Ausschlafen am Samstag. Heute ist das jährliche große Herzberg-Treffen. Mein Vater holt mich und meine Schwester gegen Mittag ab und vorher muss ich noch meinen Lauf absolvieren. Frisch geduscht geh ich runter. Brrr, ganz schön frisch. Die Gewitter haben die ganze warme Luft weggeschoben. Egal, los! Beim Laufen wird einem doch warm. Beim Hinweg ist der Vorwärtsdrang wieder da. Auf dem Rückweg: Ein frischer Gegenwind. Nicht kalt, aber fast. Zum Glück scheint die Sonne. Das hilft. Am Ausgangspunkt wieder angekommen stoppe ich den Tracker. Mist! Schon wieder nur knapp die fünf verpasst: 06:04.

Sonntag, 21.05.

So ganz langsam wird's frustrierend. Was? Na ja, das unter die sechs Minuten zu kommen. Ich erklär's: Gut ausgeschlafen stehe ich so gegen 11 Uhr auf, hab gestern extra noch dran gedacht das System zu laden, damit es heute keine Probleme gibt. Denn das Wetter soll schön werden. Ist es auch. Heute ist sonnig, warm, kaum Wind. Super Wetter zum Laufen. Ich esse zum Espresso einen Apfel, nichts schweres. Vorm Duschen lege ich die Elektrode in eine Schale Wasser, damit die Filzkontakte schön in Ruhe Wasser ziehen können. Ich entfette sogar die Stelle am Bein, wo die Kontakte aufliegen, mit Sterilium, um die Leitfähigkeit zu erhöhen. Ich absolviere die zehn Minuten Training, um das Ganze in Schwung zu bringen. Dann noch 20 Minuten Ruhe, damit das

Baclofen greift und den Quadrizeps etwas runterfährt (der beruhigt sich in letzter Zeit etwas, ist nur noch direkt nach dem Lauf wirklich fest. Ansonsten hat er zwar schon einen erhöhten Grundtonus, das stört im Alltag aber kaum.) Und dann los! Es läuft sich gut, ich achte inzwischen recht aktiv darauf die Hüfte nach vorne zu holen und den Stock nah am Körper zu halten. Hab einen leicht kippeligen Moment bei der Wende wegen des hohen Tempos, das aufzufangen ist aber überhaupt kein Problem, besonders nicht mit eingeschaltetem Bioness ... und zurück! Etwas Gegenverkehr, aber keine Stelle, wo ich vom Gas gehen muss. Ich komme wieder da an wo ich herkomme ... und stoppe den Tracker: 06:03. Ganz knapp vorbei. Schon wieder! Ich sehe sogar noch wie aus der 5:59 eine 6:00 wird. Grrr. Was soll ich denn noch optimieren? Vielleicht brauche ich drohenden Regen oder so, als Antrieb. Es fehlte heute allerdings auch diese Leichtigkeit. Wie ich schon Montag meinte, dann nächste Woche. Ich hole jetzt erstmal drei Nackensteaks aus dem Tiefkühler für morgen und backe Brownies! Irgendwo hab ich noch vier Tafeln Schokolade rumliegen.

Montag, 22.05.

Heute sind die Leichtigkeit und der damit einhergehende federnde Gang wieder da. Freu mich irgendwie auf die Piste, aber erst mal zur Arbeit. Hab so gegen 11 Uhr einen akuten Durchhänger und quäle mich durch bis zum Feierabend um eins. Die leichte Brise die weht belebt mich wieder, und ich überstehe auch den Heimweg ohne einzuschlafen. Ich bin aber höchstmotiviert, habe den Kollegen-Anteil der Brownies von gestern verteilt, und die Tasche ist wieder leicht. Die FES überträgt deutlich den Impuls und die Sonne scheint nicht so grell, da wir leichten Hochnebel haben. Angekommen, drücke ich beim Tracker auf Start und stecke das Handy schnell in die Gesäßtasche, gebe Gummi. Läuft sich super heute! Mache richtig Tempo und spüre, wie gut der Fuß abrollt und schiebe die Hüfte noch ein wenig mehr nach vorne. Schnelle, aber sichere, Wende am Gully Deckel.

Zurück läuft auch gut, aber an der engsten Stelle müssen ein Kinderwagen, zwei Fahrräder (eins entgegen der Fahrtrichtung), zwei Fußgänger und ich aneinander vorbeisortiert werden. Ich müsste vom Weg runter, aber da steht ein Baum (Der Boden ist an der Stelle eh doof da das Wurzelwerk die Platten anhebt und die ansonsten vollkommen flache Piste schräg macht. Normalerweise weiche ich da immer Richtung Straße auf den Fahrradweg aus. Das geht heute aber nicht.) Ich gehe vom Gas, weiche etwas nach links zum Baum aus und lass den Kinderwagen vorbeiziehen. Die Fußgänger und Fahrräder sortieren sich auch, und ich kann wieder beschleunigen. Das Ganze dauert keine zehn Sekunden, die ich gedenke wieder einzuholen. Bis auf zwei weitere Fußgänger, die mir entgegenkommen und von sich aus einen Bogen um mich machen, ist der Rest des Weges ereignislos. Ich stoppe die Uhr als ich ankomme NEIN! 06:00.5 Nicht euer ernst! Eine halbe Sekunde? Zumindest weiß ich jetzt, dass es machbar ist. Ohne den Kinderwagen-Zwischenfall wäre ich deutlich unter sechs Minuten gewesen.

Dienstag, 23.05.

Heute hab ich Artour Brownies und Carolins Visitenkarte mitgebracht. Er hat eine Hemi-Patientin, die tendenziell noch geeigneter für das Bioness ist als ich es schon bin.

„Spread the word!" dachte ich.

Letzten Dienstag nach der Physio war das Taxi zurück eine elende Warterei und da Gewitter im Anmarsch sind, laufe ich diesmal um den Holsten-Bahnhof zum Taxistand auf der anderen Seite. Das erspare ich mir normalerweise denn die ganzen Punks und Besoffskis meide ich lieber. Und die sind, da aktuell noch sehr schönes Wetter, heute in Scharen unterwegs. Ich schmeiß den Tracker an und stürz mich ins Getümmel. Die meisten sind ja nett, harmlos und machen freundlich Platz (da bedanke ich mich immer, denn ein „Dankeschön" tut mir nicht weh und derjenige fühlt sich für den Rest des Tages besser in dem Wissen, was Gutes getan zu haben), aber manche sind unaufmerksam und so sehr mit sich selbst beschäftigt, dass die einen herannahenden Mann am Stock nicht bemerken. Es entwickelt sich zu einem wahren Spießrutenlaufen! Ich komme heil um die Ecke und der Bus fährt gerade weg, gibt freie Sicht auf den Taxistand. Kein Taxi. Nun ja, kann ja nicht alles passen. Zumindest noch kein Regen. Ich laufe noch zur Taxirufsäule und stoppe den Tracker: 06:12. Der Tracker meldet 160 Meter. Da er aber nur auf 30 Meter genau ist, und nur alle 30 Sekunden aktualisiert, messe ich das zuhause nochmal genau am Computer nach (es waren dann laut GoogleMaps genau 216 Meter! Also gar nicht mal schlecht für durchs Gewusel kämpfen.) Und in dem Moment rollt ein Taxi vor. Zwar nicht von meinem bevorzugten Anbieter, aber da ich Therapiefahrten bar bezahle, ist es unwichtig wer mich fährt. Ich steige ein und nenne das Ziel, er ist nicht begeistert über die Kürze der Strecke, fährt aber mürrisch los und ich muss nicht den Beförderungspflicht-Joker ziehen. Angekommen steige ich aus, gebe wie immer 10% Trinkgeld und runde etwas auf den nächsten geraden Euro auf. Da hellt sich seine Meine auf, und wir sind dann doch noch Freunde. Ich schaue die Piste runter. Es regnet noch nicht. Das wird aber nicht lange der Fall bleiben, denn im Süden ist der Himmel pechschwarz. Wenn ich mich beeile, schaffe ich noch die regulären 200 Meter, doch wie wirken sich die bereits Absolvierten darauf aus? Aber ich hab sonst ja eh nichts vor. Und durch das bevorstehende Wetter ist die Piste wie leergefegt. Fast wie in einer Sergio-Leone-Szene: High Noon! Okay, nicht mehr ganz, es ist: 14:52. Wir sind auch nicht im Wilden Westen sondern im biederen Westen Hamburgs. Dennoch macht sich eine unheimliche Stille breit (Keine Autos, da die Ampeln Osterstraße und Tornquiststraße gerade beide rot sind, die Tierwelt hat schon Deckung vor dem Gewitter gesucht) Eine Zeitungsseite tanzt im Takt des warmem Winds von rechts nach links über den Gehweg (Tumbleweeds wären jetzt auch echt zu kitschig, denkbar wäre ein Staubteufel, aber auch die sind in Eimsbüttel eher selten). Gehe in Cowboy-Stellung, breiter Stand, Knie leicht gebeugt. Ich schaue dem Gewitter ins Auge, ziehe blitzschnell das Handy.... Starte den Tracker und los!

Auch heute läuft es sich gut. Ich merke aber schnell, dass ich schon was getan hab und statt auf Speed konzentriere ich mich aufs Gangbild. Hüfte vor, kürzer Schritt rechts. Hüfte vor, kürzer rechts usw. So etwa nach zwei Dritteln kann ich das nach und nach beschleunigen. Eine schnelle Wende und zügig zurück. Ich komme an. drücke Stopp... und ... 05:59.2 YAY!! Endlich, nach etwa einer ganzen Woche kurz davor, geschafft. Und das trotz (vielleicht deshalb?) 200 Extra-Metern vorab. Oben angekommen geht draußen die Welt unter. Große, dicke Tropfen hämmern senkrecht in den Boden während Blitze den Himmel zerreißen und Donner über die Stadt rollt. Das geht zehn Minuten so, und dann ist es vorbei. Die Sonne kommt wieder raus, und die Vögel zwitschern wieder (Ich vermute auch, dass die Ampel wieder grün hatte). Als wäre nichts passiert. Als wäre das Ganze nur für mich inszeniert worden um mich anzutreiben. Zum Glück ist alles draußen nass und den Track habe ich aufgezeichnet. (Ja, ich habe zur Sicherheit nochmal nachgeschaut :) Eingebildet habe ich mir das Ganze also schon mal nicht!

Mittwoch, 24.05.

Deutlich kälter heute, auf zur Ergo. Ich berichte Jan über die Erfolge der letzten Tage und bekomme folgende Anweisung:

„Versuche mal zur Abwechslung deine Ausdauer zu testen."

„Wie weit ich komme?" frage ich.

„Nein, wie lange du kannst. Also nicht Strecke oder Geschwindigkeit. Lass es gemütlich angehen. Achte weiterhin eher auf dein Gangbild. Das wird anstrengend genug."

„Sehr gut. Ich überlege schon länger, dass es Zeit ist für ein Paradigmenwechsel."

Meine Prioritäten neu ausrichten. Denn ich merkte langsam, wie anstrengend das ganze stramme Gerenne für mich ist. 30 Tage hintereinander, mit wenigen Ausnahmen wegen Regen, schlaucht ganz schön. Und wenn der Bewegungsablauf bis jetzt noch nicht eingeschliffen ist, dann nie. Klar muss ich weiter darauf achten, aber das Grundlegende sollte langsam sitzen. Heute gibt's eine Zäsur. Und erstmal eine Pause. Ich muss mal wieder zu mir finden. Somit passiert heute nichts mehr.

Donnerstag, 25.05.

Scheine die Pause gebraucht zu haben. Mega-Muskelkater! Stehe dann mal gemütlich auf. Heute ist Himmelfahrt (und noch viel wichtiger, zu ehren von Douglas Adams, Towel-Day). Ich guck mal vorsichtig aus dem Fenster, Sonne aber auch viel Wind. Ich mach mir erstmal meinen Espresso und sehe, Mist, Bioness nicht am Strom angeschlossen. Dussel. Schnell einstecken, ist ja erst 11 Uhr. Ich lauf dann heute Nachmittag. Es wurde dann eher früher Abend, so gegen 17:20 Uhr, der Wind hat sich gelegt, dann los! Ich hatte mir eigentlich vorgenommen zwischen Henriettenstraße und Tornquststrasse zu pendeln, damit der Heimweg nicht allzu weit ist. Bin dann aus Abenteuerlust einfach an der Tornquist vorbei bis zum Park gelaufen. Dabei immer schön auf Stock und Hüfte geachtet. Zurück bis zur Tornquist ist noch alles gut. Aber das letzte Viertel war echt eine Qual. Und den Aufstieg zum Hauseingang begleitet von einem Tremor im Bein. Aber geschafft: 550 Meter! In 23:36. Und jetzt habe ich einen Bärenhunger.

Kohlenhydrate her, und nicht zu knapp bitte! Es war ein schöner Spaziergang in der Sonne, und ich habe meinen Aktionsradius deutlich erweitert. Und das ist ja auch eines meiner Ziele. Da fällt mir ein, dass meine Bargeldreserven fast erschöpft sind, die Bank ist etwa 300 Meter entfernt. Das ist vielleicht was für morgen. Und zum besten Gemüse- und Obsthändler ganz Eimsbüttels am Heußweg sind es ganze 550 Meter. Das ist vorerst noch zu weit und zudem geht es auch noch bergauf, das hebe ich mir für später auf. Aber ich will ja Grenzen verschieben und nicht nur erreichen. Und um sie zu verschieben, muss man diese halt zwangsläufig überschreiten.

Freitag, 26.05.

Heute ist bis jetzt definitiv der schönste Tag des Jahres. Sonnig, warme Brise, 23°C. Da geht doch was. Aber ich übe Zurückhaltung, denn heute wird auch noch geschleppt. Zum einen ein ganzes Display (6 Rollen) grünes Kinesiotape und zum anderen eine Flasche Wild Turkey Rare Breed, Barrel Proof, Kentucky Straight Bourbon Whiskey (einmal pro Quartal gönne ich mir eine Flasche hochwertigen Schnaps.) Also bin ich von der Firma zur Bank und von da aus dann zu Fuß nach Hause. Zum Glück ist ein Großteil des Weges im Schatten, sonst wäre ich eingegangen. In der Sonne ist echt zu warm. Ich hab mir für die etwa 370 Meter fast 22 Minuten Zeit gelassen. Ich konnte mich nur zwischendurch und vereinzelt auf kurzen Strecken aufs Gangbild konzentrieren, da scheinbar viele Hamburger den Brückentag genutzt haben und alle auf den Beinen sind. Die Gehwege sind rappelvoll.

Samstag, 27.05.

Angesagt sind heute 28°C. Da ich etwa ein Viertel meines Lebens in Australien verbracht habe, habe ich dort gelernt, nicht in der Mittagshitze rauszugehen. Deutschland funktioniert da etwas anders. Down under ist die größte Hitze am frühen Nachmittag fällig. Die Hitze kommt hierzulande später. Und da ich letztlich eine faule Socke bin, komme ich erst so gegen 11 Uhr aus dem Bett. Gestern Abend wurde auch recht spät, Natural Born Killers fing de facto erst heute Morgen an und ich musste natürlich auch den Wild Turkey probieren. Der ist für'n Bourbon echt okay, der Bulleit Rye Frontier ist aber besser. Ich trödle ein wenig, und schwupps ist es 12 Uhr. Sagte ich grad nicht was von Mittagshitze? Hmm. Ein Blick aufs Thermometer, zeigt aber erst 21°C an. Das ist nicht so schlimm. Das Rascheln der Blätter draußen verrät: leichter Wind. Geht doch. Auf etwa halber Strecke zur Tornqiststraße drehe ich um. Sonnenbrille vergessen. Die ist heute Pflicht. Plan ist: zum Park, und dann mal schauen, wie weit es in den Park geht. Beim Park angekommen, sehe ich erst welche Steigung der Eingang des Parks für mich bereithält. Nee, so haben wir nicht gewettet. Nach 20 Metern in den Park drehe ich um. Hatte kurz überlegt durch den Park zur Emilienstraße und dann von hinten in die Henriette. Nöö, das sind mindestens ein, zwei Kilometer. Soweit bin ich noch lange nicht. Also zurück. Jetzt brennt mir die Sonne auf den Rücken. Ob ich mir gerade den Nacken verkohle? Der linke Arm war auf dem Hinweg die ganze Zeit in der Sonne und der zeigt keine Anzeichen von auch nur leichter Röte. Nicht vergessen: Sonnencreme besorgen! Das letzte Stück der Strecke ist wieder eine Herausforderung, aber bei weitem nicht so schwer wie noch vorgestern. Fast 600 Meter 27:39. Bin sogar ins Schwitzen gekommen aber eher von der Hitze als vor Anstrengung. Und jetzt erstmal die Chilis gießen, bevor die Sonne rumkommt. Das Thermometer sagt inzwischen 25°C! Schnell die Schotten auf der Sonnenseite dicht machen. Der Sommer kommt.

Sonntag, 28.05.

Das war abenteuerlich. Zum einen ist der Sommer jetzt da, zum anderen sind 600 Meter echt weit. Ich bin die Henriette bergauf gelaufen bis zur Emilienstraße. Und der Gehweg ist echt im Arsch! Und wenn man denkt: „Oh, die Stelle war aber schwer zu bewältigen, das kann ja nicht noch schlimmer werden" wird man regelmäßig alle zehn Meter eines besseren belehrt. Mir ist durchaus bewusst, dass es sinnvoll ist, den Gehweg zur Straße abfallend zu haben. Ich will ja auch nicht, dass der Vorraum unseres Wohnhauses bei Regen voll Wasser läuft. Nur muss man den Winkel zwischen Null und 15 Grad schwanken lassen innerhalb jeder drei Metern Strecke? Das ständige dem Untergrund anpassen ist bestimmt ein tolles Training, auf der Länge eine echte Herausforderung. Und ich glaube irgendjemand hat sich im Garten eine wunderschöne Beetbegrenzung gepflastert, denn er hat die ganzen kaputten Betonplatten liegen lassen. Die heilen Platten jedoch fehlen nämlich auf dem letzten Drittel. Zumindest eine der drei Reihen hat derjenige gnädigst liegen lassen. Was natürlich für jemanden wie mich, der auf schmaler Spur unterwegs sein soll, von Vorteil ist. Danke dafür! Hmpf! Insgesamt waren es 300 Meter hin und 15 Meter hoch und das gleiche noch mal zurück bzw.

wieder runter. Gebraucht habe ich 32:30 Minuten. Puh! Bergauf geht, bergab ist doof.

Montag, 29.05.

Heute wieder zum Park, je nachdem welche App man fragt, variieren die aktuellen Temperaturen zwischen 21 und 26°C, die Wahrheit wird wohl irgendwo dazwischen liegen. Die Sonne scheint, aber es gibt leichte, hohe Bewölkung, die dem Ganzen die Spitze nimmt. Aber die Luftfeuchtigkeit ist hoch und die Luft drückt. Da kommt der kühlende Schatten unter den Bäumen des Parks sehr gelegen. Aber ich verweile nur kurz, denn ich muss ja auch noch zurück. Und der Rückweg hatte es in sich, gefühlte drei Stunden später komme ich wieder an. Bin fix und fertig, durchgeschwitzt. Diesmal habe ich die 550 Meter in 32:29 bewältigt. Ich hoffe das Wetter entlädt sich bald. Hab grad Sonnenschutz und mehr Magnesium bestellt. Heute auf jeden Fall früh ins Bett.

Dienstag, 30.05.

Ich bin total im Arsch. Grundtonus ist sehr hoch. Schlecht geschlafen habe ich auch noch. Bei der

Physiotherapie lasse ich mir von Artour den Quadrizeps tapen. Es ist sau warm, fast schon tropisch. 25°C und mindestens 70% relative Feuchte. Nichts gegen warmes Wetter. Ich bin ja absolut für warm zu haben, auch gerne heiß. Aber dann bitte trockene Luft. Wie in Australien. Da haben mir 45°C nicht so zugesetzt wie die 25°C hierzulande. Deshalb wird heute auch nur wenig gelaufen. Ich gehe um den Bahnhof, etwa 210 Meter in 6:35. Das reicht für heute. Später dann ein eiskalter, trockener Rosé auf dem Balkon. Für meinen Geschmack ist der Wein etwas zu blumig. Ich bin da mehr für die Mineralischen. Aufgabe beschlossen: mal wieder einen guten Riesling für den Sommer suchen! Sowas wie den 2015er Deep Blue von Tesch.

Mittwoch 31.05.

Ist es das Wetter oder sind es die langen Strecken? Und ich bin jetzt seit zwei, drei Tagen total erschöpft, Luft raus, total fertig mit der Welt. Leider fällt der Anfang beider Einflüsse auf denselben Zeitpunkt, somit lässt sich das nur auf eine Weise ermitteln. Ich frage Jan, ob ich die Strecke an solch heißen Tagen reduzieren kann.

Ich: „ <Jammer, jammer> “

„Solange du weiter in Bewegung bleibst, gerne. Aber, mindestens die 200 Meter bis zur Tornquist, “ meint Jan.

„Geht klar, das ist gut schaffbar. Auch bei diesem Wetter, “ erwidere ich.

Beim Videonachweis stellt Jan fest, dass mein rechtes (!) Bein am Knie eine Innenrotation entwickelt hat. Vermutlich durch die Hüftkorrektur. Das gilt es wieder abzustellen.

Nach der Arbeit gehe ich bei sengender Hitze bis zur Ecke Tornquist und zurück. Und ich habe mir dabei richtig Zeit gelassen. Nun ja, 20:51 ist ja sicher kein Rekord für die 200 Meter, aber ich habe mich aufs Gangbild konzentriert und den Ausfallschritt rechts sehr bewusst gerade gesetzt. Damit kann ich die Innenrotation etwas reduzieren. Gar nicht so einfach sich gleichzeitig auf so viele Sachen zu konzentrieren. Und das auch noch bei der Hitze. Eines der Elektroden hat den Geist aufgegeben. Überträgt fast kein Impuls mehr. Muss Carolin die Tage nach Ersatz fragen.

Donnerstag. 01.06.

Windig! Das beschreibt heute ganz gut. Schön und sonnig, aber echt windig. Und das Runterfahren der Strecke hat echt was gebracht. Zumindest bin ich im Kopf, nicht mehr halb so müde. Der Körper jedoch wehrt sich noch etwas. Steif, zäh, hauptsächlich Muskelstress, die ganze linke Seite. Deshalb heute noch etwas sachte. Auf den neuen Laufstil jonzentrieren. Also nach Physio einmal um den Bahnhof rum. 210 Meter. Da stört der Wind auch nicht so sehr. 06:25 und so langsam aber sicher groove ich mich in den Laufstil ein. Fühlt sich immer richtiger an, und ich glaube, ich verstehe jetzt besser, was Jan mit seinem links lang, rechts kurz, meint. Es geht wieder voran. Carolin hat eine Ersatz-Elektrode bei den Ergos für mich hinterlegt. Jetzt habe ich nur noch ein Problem: Ananas-Ingwer-Minz-Salat, oder ein Malabar Fischcurry?

Freitag, 02.06.

Flashback zu gestern: Es wurde das Curry, und gerade als alles fertig war ... Alarm! Das Handy bimmelt: Termin zur Zahnreinigung in fünf (!!) Minuten. Total vergessen. Herd aus, Schlüssel umhängen, Los ... Halt, zurück ... Geld vergessen.

Noch ein Spritzer Odol in den Rachen, spülen, und dann zwei Stockwerke runter zum Zahnarzt. Eine gute Stunde später sind wir fertig und die Zähne sind sauber und fluorisiert. Der Haken: zwei Stunden nichts Essen oder Trinken. Erst gegen 19:30 darf ich an das Curry ran. Und dabei habe ich doch so einen Mordshunger.

Wieder bei der Ergo: (sehr) viel Tape. Wir sind bei (sehr) schönem Wetter noch mal raus, um meine Innenrotation rechts zu analysieren. Dabei fiel auf, dass ich mich so sehr auf links konzentriere, dass ich rechts eigentlich nur noch nachziehe. Wenn ich rechts wieder nutze, sieht das schon besser aus. Dazu muss ich gestehen, dass mir schon immer die Zehen zueinander standen. War noch nie eine Ente. Zuhause angekommen drehe ich die FES auf drei runter, fünf war heute wieder fast schmerzhaft, und mache mich auf meine Strecke. Es läuft so gut wie noch nie, die Entscheidung, das rechte Bein wieder annähernd normal zu nutzen, trägt Früchte. Beflügelt trifft es nicht mal ansatzweise. Ich rase die 200 Meter in einer Rekordzeit von 04:57 entlang. Richtig gesehen ... unter fünf Minuten! Yay!!

Samstag, 03.06.

Gewitter. Regen, Wind. Aber so gegen 14 Uhr klärt es auf, die Sonne kommt raus. Ich überwinde meinen inneren Schweine-Elefanten (Schweine-Hund täte dem unrecht, der ist viiieeel größer) lege die Manschette an, warte, mache noch die 10 Minuten Training, um alles zu aktivieren und leg los. Heute mal wieder länger. Mal schauen, wie weit ich komme. Auch heute läuft es gut. Ich übertreibe ein wenig mit dem Beugen rechts um der Innenrotation entgegenzuwirken. Und das scheint zu helfen, sieht aber bestimmt total behindert aus, ich ernte sogar ein, zwei merkwürdige Blicke von Passanten. Aber egal, wenn es eins gibt, was ich bin, dann ist es behindert. Also warum nicht mal in die Kerbe hauen und das Klischee bedienen. Mir doch egal, wenn's hilft. Ich konzentriere mich so sehr, dass die Zeit fliegt und ich im nu beim Park bin. Na, dann kann ich ja noch ein wenig den Berg hoch. Nach etwa 50 Metern verlässt mich aber der Ehrgeiz und die Vernunft siegt; Ich muss ja noch zurück! An der Tornquist wieder vorbei, und in heimischen Gefilden erinnere ich mich an einen weiteren Punkt, den ich beachten soll. Kopf hoch und Blick auf den Horizont. Denn ich neige dazu meinen Blick auf meine Füße zu richten. Ist eine reine Sicherheitsmaßnahme, aber schlecht für die

Haltung. Ist zwar nur eine sekundäre Baustelle, aber dennoch. Die fast gerade und nahezu ebene Strecke lädt zum Testen quasi ein. Ich umschiffe noch den Hügel vor dem Baum (Es kommt mir so vor als wäre die Begegnung mit dem Kinderwagen schon Monate her. Dabei sind es aber gerade mal zehn Tage.) Hebe den Kopf und richte den Blick aufs Ziel, und schaue gaaanz schnell wieder nach unten. Hmm, das war ja nicht so von Erfolg gekrönt. Ich probiere es noch mal und schaffe zehn Sekunden. Okay ... Das wird noch eine Herausforderung. Bis zum Ende kann ich das auf etwa 20 Sekunden ausdehnen bis Unruhe den Blick wieder nach unten zieht. Am Ziel angekommen war ich gute 700 Meter unterwegs, respektive 35 Minuten. Ich bin sogar mal wieder etwas ins Schwitzen gekommen. Aber eher von der hohen Luftfeuchtigkeit und den doch noch 22°C. Ich geh mal mein neues Döschen Magnesium suchen, denn bei der Strecke meldet sich bestimmt gleich der Quadrizeps. Zudem hab ich schon wieder Hunger!

Pfingstsonntag, 04.06.

Tja, die 700 Meter von gestern sind nicht ohne Folgen geblieben. Der Grundtonus ist deutlich erhöht und der linke Knöchel zwickt etwas. Aber der Quadrizeps ist entspannter, heute mal nicht so übertreiben. Heute ist auch noch Pfingstsonntag. Also: überraschend steht meine Mutter mit Mittagessen vor der Tür. Wir schlagen uns die Bäuche voll und dann geht's ans Laufen, frei nach dem Motto: nach dem Essen sollst du ruh'n oder tausend Schritte tun. Weiß nicht ob es tausend waren aber 200 Meter gemütlich in 12:08 könnten ungefähr hinkommen.

Pfingstmontag, 05.06.

Berg herunter ist echt doof. Aber der Gehweg der Tornquiststrasse ist viel besser ausgebaut als die Henriette. Aber ich eile wieder voraus. Zwei, drei Schritte zurück: Ich bin recht früh los, um die Frische am Morgen noch zu nutzen und mach mich kurz nach Zehn auf den Weg. Heute soll aber eh nicht so warm werden. Als ich losgehe ist es gerade 20°C und viel mehr soll es auch nicht werden. Angeblich. Ich will wieder zum Park und mal schauen, ob es eine Möglichkeit vom Park direkt zur Tornquist gibt. Sollte also nicht allzu viel mehr als die 700 Meter von Vorgestern werden. Wenn es denn diesen Durchgang gibt. Satellitenaufnahmen und Kartendaten sind vielversprechend aber nicht definitiv schlüssig. Ich gehe also gemütlich am Schulweg entlang und schiele die Tornquist hoch. Und siehe da, der Start der Stichstraße zum Park ist nur wenige Meter vom Schulweg entfernt. Also etwas den Park hoch, einen Durchgang finden, dann easy zurück ...

PUSTEKUCHEN! Es gibt keinen Weg von dem Park zur Tornquist. Zumindest nicht zwischen Schulweg und Emilienstrasse. Große mannshohe Zäune versperren den Weg. Hmpf. Da ich ordentlich Zeit eingepackt habe und sowieso schon fast bei der Emilienstrasse bin, laufe ich den ganzen Weg durch den Park, wieder die 15 Meter Höhendifferenz. Alles kein Problem. Das geht alles noch gut. Auch der Gehweg der Emilienstrasse ist gut ausgebaut. Aber dann bergab. Uff, das macht echt kein Spaß. Aber wie bereits angedeutet: der Gehweg der Tornquist ist deutlich besser in Schuss als der der Henriette. Ist aber trotzdem sehr anstrengend, und ich freue mich wirklich auf das letzte Stück, die 100 Meter entlang des Schulwegs. Sogar auf den Baum, der die Erhebung auf dem Weg verursacht. Angekommen am Schulweg fällt eine Last von den Schultern, merke erst jetzt wie krampfhaft meine Hand den Stock umklammert. Das wird sich noch rächen, das kenn ich schon, denn die Verkrampfung zieht sich meistens bis hoch in den Nacken. Ich ziehe dann zügig am Baum vorbei und der Rest des Rückwegs geht ohne nennenswerte Vorkommnisse über die Bühne. Fast. Vom Fahrstuhl zur Wohnungstür gibt's einen leichten Tremor. Als ich dann sitze merke ich erst meine Erschöpfung. Denn ich war 50 Minuten unterwegs und mehr als einen Kilometer geschafft (1,08 km in 50:57 min) Puh! Magnesium fressen. Und zur Belohnung wird gegrillt. Und ich hab das Gefühl, dass ich sehr gut schlafen werde.

Dienstag, 06.06.

Gut geschlafen hab ich. Aber ich fühle mich als wäre ich unter eine Dampfwalze geraten. Durchgekaut und ausgespukt! 200 Meter zur Tornquist und zurück in 05:50. Ansonsten frei nach Remarque: Im Westen (Hamburgs) nichts Neues. Ab ins Bett, Siesta.

Mittwoch, 07.06.

Heut geht's schon besser, aber noch weit entfernt von gut. Hauptsächlich noch Muskelkater, erstaunlicherweise auch im Trizeps rechts. Das soll einer verstehen, ich tu's jedenfalls nicht. Bei der Ergo haben wir die Strategie zum Erreichen der

Dauerversorgung des Bioness festgelegt. Denn nächsten Mittwoch sind zwei Drittel rum. Das rechtzeitige Anstoßen des Prozesses ist wichtig, denn das Bioness ist nicht nur relativ teuer, sondern der Kasse auch noch weitgehend unbekannt. Dort muss die Genehmigung vermutlich einige Instanzen intern durchlaufen, und das kann zeitintensiv werden. Deshalb wird Carolin in Kürze loslegen in der Hoffnung, dass es nicht wieder über Anwälte gehen muss. Außerdem möchte keiner, dass eine Lücke in der Therapie entsteht. Das wäre doch arg kontraproduktiv. Noch ein schnelles Tape, um die Schulter zurecht zu biegen.

Draußen währenddessen, Starkregen und Blitze. Na super. Den ganzen Vormittag gießt es. Zuhause angekommen, gibt's einen schmalen Streifen der regenlos über Hamburg zieht. Ich riskiere es, denn es ist nicht wirklich kalt, sondern nur ungemütlich. Der Lauf erfolgt problemlos, und ich kann mich wieder schön auf die Details konzentrieren. Auf dem Rückweg dann starker Gegenwind und ein feiner Niesel, der mir ins Gesicht peitscht. Sehr viel ungemütlicher als erwartet. Deshalb ist die Zeit für die Standard-Strecke zur Tornquist und zurück in 06:30 nur so mittelgut. Zum Glück bin ich nicht nass geworden sondern nur angefeuchtet. Klamotten in

den Trockner, Handtuch durchs Gesicht und über
die Haare rubbeln und alles wieder im Lot.

Donnerstag, 08.06

Nur noch mein oberer Rücken und der Quadrizeps
sind verspannt. Alle anderen Wehwehchen sind
weg. Aber konstanter Nieselregen. Und windig ist
auch. Nicht wirklich Laufwetter, dabei wollte ich
heute mal wieder etwas länger laufen. Mindestens
bis zum Park. Schauen wir mal was heute Mittag so
geht... Es geht, Regen fast weg und etwa 15°C. Aus
Erfahrungen der letzten Tage weiß ich, dass der
Wind nur auf dem Hinweg stört, und zurück sogar
schiebt. Eklig ist es trotzdem, wenn bei Niesel einem
die Gischt ins Gesicht gepustet wird. Pfui. Und auf
der Strecke ist es genauso. Die Brille ist in kürzester
Zeit besprenkelt, und es wird zunehmend
schwieriger, mich auf den korrekten Gang zu
konzentrieren. Aber das ist nur auf dem Hinweg so.
Zurück kann ich aktiv an der Innenrotation rechts
und der Hüfte links arbeiten. Mit recht gutem
Erfolg. Ist aber noch definitiv mehr Potential. An das
Kopf-Hoch-Laufen denke ich leider zu spät. Und nur
die letzten 50 Meter blicke ich immer wieder zum
Horizont. Allem zum Trotz schaffe ich es zum Park
und zurück in 24:43.

Freitag, 09.06.

Die Luft ist wieder zum Schneiden, warm, feucht, böiger Wind. Es riecht nach Gewitter. Ein Blick aufs Regenradar zeigt: In Bremen kracht es schon gewaltig. Na, dann hab ich ja in etwa noch eine Stunde. Aber irgendwie juckt es in mir heute. Ich entscheide mich: Heute mal zur Abwechslung einen Speed-Lauf. An gewohnter Stelle leg ich los. Es dauert ein paar Sekunden bis ich meine Beine sortiert bekomme. Ist ja schon ein paar Tage her. Bin ich jetzt schon eingerostet? Habe ich mich schon so sehr an gemütliche Dauerläufe gewöhnt? Etwas wohl schon. Aber dann komme ich doch noch schön in den Trott. Aber es fehlt der Schwung, der Vorwärtsdrang. Ich versuche das durch Technik zu kompensieren. Und das klappt erstaunlich gut. Der Weg zur Tornquist wird nur von der gelegentlichen Windböe gestört. Zwei Drittel in den Rückweg rein, dann erst etwas Erschöpfung, dann einen kleinen Tremor. Oha, doch noch nicht vom Kilometer erholt? Aber das ist doch schon fast eine Woche her. Anscheinend nicht. Nun, lässt sich nicht mehr ändern. Hinsetzten und schmollen bringt nichts, der Regen kommt. Also weiter! Angekommen steht auf der Uhr 05:21. Gar nicht mal so schlecht. Einen Salat später, und etwa eine halbe Stunde in meine Siesta rein, werde ich von einem riesen Knall aus dem Schlaf gerissen. Das Gewitter ist da, und irgendwo in unmittelbarer Nähe muss ein Blitz eingeschlagen sein. Kurz darauf kommt der Starkregen. Ich schließe die Augen und döse zum tosendem Prasseln weiter.

Samstag, 10.06.

Damit hätte man eigentlich rechnen müssen, ich habe aber die Anzeichen nicht rechtzeitig erkannt. Der Wind ist weg und die Sonne scheint. Die Restfeuchte von gestern ist verdunstet und macht die Luft schwer. Der Tracker läuft und ich auch. Es ist viel los auf dem Gehweg, vor allem Kinder sorgen dafür, dass ich vorsichtig bin. Aber diesmal kommt es nicht auf die Zeit an. Immer wieder fällt mir auf, dass Leute mit großen Plastikkisten voller Spielzeug unterwegs sind. Alle Richtung Park. Je näher ich der Ecke komme umso mehr. Autos halten an, Kofferräume werden geöffnet, noch mehr Kisten, Rollwagen, Sackkarren. Eltern mit ihren Kindern ziehen an mir vorbei. Noch bin ich ratlos. Aber so langsam ahne ich was. Könnte es sein das? Ich schaue um die Ecke, drehe um und ergreife die Flucht. Ja, wie befürchtet: Kinderflohmarkt! Schnell weg.   Flohmärkte,   ganz   besonders

Kinderflohmärkte, sind sehr gefährlich. Nicht nur wegen der herumrennenden Kinder. Auch dass die Augen der Leute sehr auf die Ware fixiert sind und nicht auf umherirrende Behinderte. Ich ziehe zurück an der Torquist vorbei in sichere Gefilde, aber es schleicht sich für den Rest des Wegs ein leichter Tremor ein. Das nervt doch. Und ganz kurz vor Schluss krampft noch der Quadrizeps. Hmpf! Immerhin war ich 24:02 in der Sonne unterwegs. Gleich noch die letzten vier Merguez grillen. Feierabend.

Sonntag, 11.06.

Es ist mal grade erst halb Zehn und ich bin schon wieder da? Was ist in mich gefahren? Nun, für Heute sind 29°C angesagt. Noch Fragen? Also früh raus oder sehr spät. Da ich eh um 7 Uhr wach war, dachte ich, warum nicht früh? Gut das ich Sonnencreme gekauft habe, denn die Sonne gibt schon um Neun alles. Einschmieren, breitkrempiger Hut, Sonnenbrille, Schlüssel, Handy, los! Das Thermometer sagt schon 18°C. An einem Sonntagmorgen um die Uhrzeit noch nichts los. Ein paar Leute überqueren den Schulweg schnell mit ihren Brötchentüten. Auch die ernsthaften Sportler sind schon unterwegs. Zwei, drei (ich sage absichtlich nicht Jogger) ziehen an mir vorüber. Ein Peloton aus sechs Radlern zischt in Formationsflug an mir vorbei. Ich kann mich heute trotzdem sehr gut auf das Gangbild konzentrieren und blicke sogar einen Großteil der Strecke Richtung Horizont. Am Park angekommen, suche ich mir noch eine kurze Zusatzstrecke, die schön im Schatten liegt, aus. Somit überschreite ich die 500 Meter um etwa 150. Ein kurzes Stück rein in den Park den Hügel hoch, ein wenig parallel zum Schulweg entlang und dann diagonal wieder zur Straße. Und zurück. An der Tornquiststraße biegt ein Auto rein, und ich halte an. Da springt ein Herr direkt auf die Bühne zwischen mir und das Auto, wild gestikulierend, dass der Fahrer mich bitte zuerst durchlassen solle. Ich erkläre dem Herrn, dass das Auto deutlich schneller ist als ich es je sein werde. Ein wenig zerknirscht sagt er „Ich wollte doch nur helfen." Ich bedanke mich freundlichst, und wir winken den verdutzten Autofahrer gemeinsam durch. Manche Leute meinen es einfach zu gut. Das passiert übrigens häufiger. Mir mal eine Tür aufhalten ist ja okay, das erleichtert mir das Leben kurzfristig. Aber wäre derjenige nicht da gewesen, hätte ich die Tür auch selber aufmachen müssen. Nicht zu unterschätzen ist der Trainingsfaktor. Wenn ich's selber mache, wird meine Situation ein kleines Stück besser. Die Raucher, die immer vor der Seitentür der Firma rumlungern, musste ich auch erst erziehen. Die haben sich anfangs regelrecht drum geprügelt, wer mir die Tür aufmachen darf. Bis ich denen ein klares: „Nein, Stopp! Stehenbleiben, Training zur Alltagsbewältigung!" verpasst habe. Die rühren jetzt keinen Finger mehr, außer sie selbst gehen grad durch die Tür. Aber das ist dann nur ganz normale Höflichkeit. Und genau so soll es sein. Wenn ich wirklich Hilfe brauche, sage ich schon Bescheid. Das nur mal kurz zum Thema Inklusion.

„Kann ich helfen?"

„Hmmm, ja, Ich müsste mal Ihre Zeitmaschine leihen. Meine ist grad kaputt. Dann kann ich zurück nach 2009 springen und mich selbst warnen, dass ein Zeitbombe in meinem Hirn tickt ... "

„????!"

„Nö? Schade. Aber danke, ansonsten komme ich ganz gut klar. Alles Training, von nix kommt nix!"

Inzwischen bin ich schon wieder zu Hause und find's gut, dass der Tag mit einem 31:40 minutigem Spaziergang in der Morgenfrische angefangen hat. Nur der leichte Tremor auf den letzten hundert

Metern störte das sonst sehr stimmige Gesamtbild. Das Thermometer sagt inzwischen schon 23°C. Jetzt erstmal eine Buttermilch mit Blutorangensaft zum Frühstück. Dann kann der Sonntag losgehen.

Montag, 12.06.

Da is'er wieder: mein guter, alter Freund der Muskelkater.

„Mit dir hab ich ja schon gerechnet, aber unaufgefordert die ganze Familie mitzubringen ist schon recht frech."

„Wieso? Du hast uns doch alle gestern mit deinem langen Lauf selbst eingeladen. Es gibt davon sogar eine Aufzeichnung."

„Tut mir leid, Mist. Dann mache ich heute also nur die kleine Tour, denn ich will euch spätestens morgen vor der Tür haben."

Und auch daran darf gezweifelt werden. Heute fing eigentlich als sonniger Tag an, und dann so gegen 12 Uhr hat jemand einfach das Licht ausgeknipst, den Dimmer auf 10% runtergeschraubt. Als ich die Arbeit verließ, blies es böig aus allen Richtungen, und es fing an zu nieseln. Zuhause habe ich mir erstmal einen Salat gemacht. Abwarten, Tee trinken

... Und dann wie aus dem Nichts: Sonnenschein. Ich also schnell runter und raus. Nieselregen ist weg. Die Zeit ist mit 14:40 nichts weltbewegendes. Außerdem machen mir die dunklen Wolken, die drohend über die Stadt ziehen, mehr Sorgen. Fünf Meter vor der Tür geht's dann los. Es prasselt hernieder. Ich bekomme vielleicht zwanzig Tropfen ab, die Schultern werden leicht feucht, der Hut ebenso. Zum Glück ist der Eingang überdacht. Ich bleibe also trocken, während ich den Schlüssel raussuche und aufschließe. Hinter mir säuft derweil die Welt ein Stück weit ab. Ich drehe mich um, verharre einen Moment, um dem Spektakel Respekt zu zollen! Hoffe, der Salat ist nicht allzu welk geworden.

Dienstag, 13.06.

Heute wird wieder geschleppt. Meine zwei Kilogramm feinste Direct-Trade-Kaffeebohnen wollen nach Hause. Die gefräßige Kaffeemaschine verlangt Nachschub, die große Tasche ist gestrichen voll. Ich überlege schon seit gestern, wie ich das logistisch am sinnvollsten veranstalte. Mit Bohnen laufen schließe ich kategorisch aus. Renne ich den ganzen Weg hoch in die Wohnung um alles abzuladen? Oder lege ich die Tasche einfach unter den Rollstuhl, der in der Eingangshalle steht, und sichere nur das Portemonnaie? Es wird wohl doch keiner vorbeikommen und meinen Kaffee klauen. Auch wenn er so gut riecht, dass selbst ich in Versuchung geraten könnte. Aber wer ist schon so niederträchtig die Tasche unter einem Rollstuhl zu entwenden? Und ich bin ja maximal zehn, fünfzehn Minuten weg. Das Wetter ist immer noch so mies, dass es heute wieder nur zu einer kurzen Tour reichen wird. Wenn überhaupt, denn noch bei der Arbeit prasselt es wieder. Immerhin habe ich an eine Jacke gedacht.

Und die habe ich auch gebraucht. Aber alles schön der Reihenfolge nach. Die Tasche und damit auch der Kaffee passten nicht unter den Rollstuhl, also drauf. Und dann los! Es kommt zwar was runter, aber das kann man noch nicht mal Nieselregen nennen. Ist in etwa so als würde jemand in zehn Metern Entfernung mit einer Sprühflasche sprühen und der Wind trägt dann einzelne Tröpfchen entgegen. Ist eher erfrischend. Nennt man glaube ich Sprühregen. Beim Laufen kann ich mich schön auf die immer noch vorhandene Innenrotation rechts besinnen. Und nicht zu vergessen: die Hüfte links vor und Blick nach vorne. Bei so vielen Baustellen wundert mich nicht, dass die Hand in den letzten Tagen etwas stänkert, weswegen ich sie gestern zur Strafe noch mal in die Schiene gezwängt habe. Jetzt zickt sie auch rum: feste Faust, die schmerzhaft den Daumen umklammert. Ich halte kurz an, um ihn zu befreien. Besser! Weiter geht's. Angekommen bei der Tornquist ist es jetzt wirklich am Nieseln. 50 Meter weiter, leichter Regen. Die Gehwegplatten sind jetzt nicht nur von Tropfen gesprenkelt, sondern tendieren zu ganzflächig nass. Dann geht's zur Sache. Zwanzig Meter vorm Ziel platzt der Himmel auf und es gießt. Angekommen! Die Jacke ist nass, und das Wasser tropft von der Hutkrempe. Ich fummele mit klammer Hand das Handy aus der Gesäßtasche und stoppe die Uhr: 15:27. Die Kaffeebohnen sind noch da! Jetzt erst mal hoch, trockenrubbeln und einen frischen doppelten Espresso.

Mittwoch, 14.06.

Heute ist der zweite Monat rum. Seit dem 12.04. sind's jetzt acht Wochen. Ein weiteres Fazit ist fällig. Die längeren Strecken sind echt hart für mich. Vor allem der Quadrizeps macht dann Stress, allerdings erst danach. Vielleicht ist es eine Trainingsfrage. Aber es gibt auch Positives zu berichten. Zum einen stört mich die FES kaum noch. Habe mich irgendwie dran gewöhnt, der Impuls erfüllt weiter seine Funktion den Fuß zu heben wie eh und je. Aber ich empfinde es einfach nicht mehr als störend. Natürlich gibt es Tage, an denen ich empfindlicher darauf reagiere. Ich habe aber von diversen Therapeuten gehört, dass das ganz normal ist. Diese Empfindungsschwankungen hat jeder. Wenn das eintritt, schraube ich die Intensität einfach herunter auf 4 (letztens sogar mal hoch auf 6, hatte mal einen dumpfen Tag). Aber im Alltag spüre ich's nicht mehr. Zudem ist meine Wegstrecke inzwischen verzehnfacht worden. Ohne Bioness konnte ich keine 100 Meter am Stück ohne größere Probleme laufen, mit ständigem fast Stolpern über auch nur kleine Erhebungen durch den Spitzfuß. Dazu Gleichgewichtsprobleme. Mit Bioness letzte Woche schaffte ich schon mehr als einen Kilometer. Wenn das man kein Riesenschritt nach vorne ist. Trotz aller Nebenwirkungen (Muskelkater, Tremor, nerviger Quadrizeps), eine wahnsinnige Steigerung.

Die 500 Meter zum Park von heute spüre ich auch deutlich im linken Bein, obwohl ich's gemütlich angegangen bin (30:18). Aber die Voraussetzungen waren auch eher schlecht. Der Quadrizeps war heute Morgen schon fest und der Grundtonus war sehr hoch. Aber hey, das Wetter war fantastisch, und ich hatte echt Bock auf draußen. Manchmal muss man halt Kompromisse eingehen. Letztlich habe ich einen riesengroßen Sprung gemacht in Sachen Aktionsradius und damit Lebensqualität. Auch meine Aufrichtung und Haltung haben sich spürbar zum Besseren verändert. Da habe ich noch einen weiten Weg, denn sieben Jahre Kartoffelsack lassen sich nicht in ein paar Wochen schnell mal abstellen. Bin aber meiner Haltung gegenüber viel bewusster geworden und korrigiere diese ständig aktiv: Kopf gerade, Brust raus, Becken nach vorne kippen und leicht im Uhrzeigersinn drehen. Der größte Gewinn ist aber die Wiederentdeckung meiner linken Seite. Allem voran meines linken Beins. Ich habe inzwischen wieder ein größeres Vertrauen das es mich stützen kann. Dadurch finde ich wieder zu meiner Mitte und mein Gleichgewicht ist viel besser geworden. Das anfängliche Hängenbleiben an Türrahmen durch den left lateral shift ist inzwischen wieder weg, hat also nicht wie befürchtet Jahre, sondern nur Wochen gedauert sich daran zu gewöhnen. Vor dem Bioness habe ich mindestens 90 Prozent meines Gewichts auf die vertraute rechte Seite gelegt. Ich bin zwar noch nicht bei 50/50 angekommen, aber geschätzte 40/60 sind allemal besser als 10/90. Den Stock kann ich zwar aus Sicherheitsgründen noch nicht weglegen, aber ich belaste den nur noch halb so viel. Das Ziel ist jedenfalls klar. Weitermachen! Der Prozess für eine weitere Miete oder Dauerversorgung bei der Krankenkasse wurde angestoßen. Haben die Videonachweise an den medizinischen Dienst geschickt.

Morgen soll wieder scheißwarm werden. 29° sind angesagt. Und Gewitter. Aber das war ja klar. Aber erst gegen Abend. Aber ich hab für morgen einen Plan. Mehr dazu später. Hab grade zwei mittelprächtige IPA (India Pale Ale) craft beer intus, an den Geschmack muss man sich erst mal gewöhnen, und ich hab einen ganz leichten Tüddel. Also, Zähne schrubben und ab ins Bett.

Donnerstag, 15.06.

Heute war ich gute anderthalb Stunden unterwegs. Aber, ich gestehe, ich habe geschummelt. Gelaufen bin ich nur 35:59. Ich erklär mal: Für heute hatte ich eine etwas andere Idee. 25°C, Sonne satt aber konkreter Verdacht auf Gewitter am späten Nachmittag. Zuhause packe ich meinen Kindle ein, den habe ich morgens extra in die Ladebuchse gesteckt, und mache mich auf zum Park. Die Hinreise ist ereignislos bis auf eine junge Frau, die mich mit ihrem Fahrrad quasi schneidet, sich dann mit dem Fahrrad quer (!) auf den Gehweg stellt und diesen vollständig blockiert. Und sich dann erst mal in Ruhe das Gesicht mit Sonnencreme einschmiert. Das ist auch mal wieder ein gutes Beispiel für, meines Erachtens, das größte Problem unserer Gesellschaft: diese Nach-mir-komm-ich-Mentalität. Manchmal beschleicht mich das Gefühl, dass über den eigenen Tellerrand zu schauen, bei vielen Menschen Schmerzen im Hirn verursacht. Anders kann ich mir das langsam nicht mehr erklären. Ich erwarte keine Empathie speziell mir gegenüber, aber nur ein klein wenig allgemeines Mitdenken würde in dieser Welt schon einiges voranbringen. Egal, ich werde diese Welt nicht verändern. Also umschiffe ich ihr Fahrrad, weiche auf den Fahrradweg aus, wodurch zwei Fahrräder stehenbleiben müssen, ich hatte schon eine relative Lücke abgewartet aber bei der aktuellen Fahrraddichte unvermeidbar. Eine Minute später überholt sie mich wieder. Da bin ich aber schon fast beim Park. Angekommen, besteige ich den Hügel auf der Suche nach einer Parkbank. Vergebens. Es scheint als hätte halb Eimsbüttel die gleiche Idee gehabt. Ungefähr ein Drittel entlang der rechten Seite der Wiese hoch erspähe ich eine Bank, die noch frei ist, aber zu meiner Enttäuschung auf der anderen Seite des Parks. In der Hoffnung, dass die Freiheit der Bank erhalten bleibt, bis ich eintreffe, mache ich mich auf den Weg über die komplette Wiese. Geländetauglich bin ich noch nicht so wirklich. Und der Gang ist kippelig, beschwerlich, mühsam. Aber ich schaffe es letztlich, ohne dass jemand mir die Bank streitig macht. Ich setze mich, pausiere den Tracker und mache mich an die Lektüre von „Leviathan Wakes" von James. S. A. Corey. Ich war schon ewig lange auf der Suche nach einer guten neuen Sci-Fi-Geschichte. Da habe ich mir die Gewinner der Hugo Awards der letzten Jahre mal angeschaut. Der Gewinner von 2011 bekam dann den Zuschlag. Bin mal gespannt, ob mir die zusagt. Ich, tief verloren in den leeren Weiten des Asteroidengürtels zwischen Mars und Jupiter, merke, dass es kalt wird. Die Sonne ist weg. Also, nicht wirklich. Die wird schon noch da sein, aber es haben sich Wolken zwischen ihr und mir geschoben, der Wind frischt auf. Moment, hieß es nicht Gewitter heut Nachmittag? Und weg! Ich schaue auf die Uhr. Immerhin eine knappe Stunde an der frischen Luft verbracht. Ich verknote mich beim Aufstehen noch ein wenig mit meiner Tasche. Manchmal nervt es so ungelenk zu sein. Kann den Knoten aber lösen und mache mich auf den Rückweg, nachdem ich den Tracker weiterlaufen lasse. Der Rückweg ist noch ereignisloser als der Hinweg. Noch vertieft in die Geschichte fällt mir erst bei der Tornquist ein, dass ich eigentlich Trainieren bin und konzentriere mich ab da wieder aufs Gangbild und dergleichen. Lieber spät als nie. Ermutigend: kein Tremor. Der Quadrizeps heult zwar sein Leid, aber das ignoriere ich. Dagegen gibt's nachher Magnesium. Und die Geschichte gefällt mir ganz gut. Kommt mir aber irgendwie bekannt vor.

Freitag, 16.06.

Nach kurzer Recherche weiß ich jetzt, warum mir das Buch so bekannt vorkam. Netflix verfilmt die Geschichte gerade als Serie „The Expanse". Die erste Staffel war hervorragend. Lese ich jetzt weiter und versemmel mir gegebenenfalls die Serie? Oder warte ich mit dem Lesen bis die Serie durch ist? Oder suche ich mir ein neues Buch? Heute ist das Wetter irgendwie merkwürdig. Erst Sonne, dann Starkregen, dann wieder Sonne, Starkregen, Sonne, Regen. So etwa im zwanzig minutigem Wechsel. Das Regenradar Norddeutschland zeigt sich gleichmäßig gesprenkelt von Regenzellen von etwa fünf Kilometern Durchmesser, die gemächlich von

Westen nach Osten übers Land ziehen. Ich bin gespannt, welche Seite mir das Wetter zeigt, wenn ich zuhause vor der Tür stehe.

Sonne! Aber im Westen ist es schon dunkel. Da braut sich wieder was zusammen. Also ein Speedlauf. Ein hurtiges 05:26 ist das Ergebnis. Und keine Sekunde zu knapp. Kaum in der Wohnung kommt's auch schon runter. Zumindest soll das Wochenende wieder trocken sein. Da kann man ja nochmal ein Lesen im Park veranstalten.

Samstag, 17.06.

Kann ja auch nicht immer klappen. Dabei sah der Tag anfangs zuerst noch so unschuldig aus. Sehr viel Sonne. Aber etwas windig. Ich also los. Biege von der Henriette in den Schulweg ab. Und werde fast nach rechts umgepustet. Oh je. Damit hab ich nicht gerechnet. Der Wind ist auch noch kalt. Ich also zurück, Jacke holen. Eigentlich wollte ich zum Park. Wieder oben schaue ich mal kurz nach: der Wind hat sich gedreht kommt jetzt aus nordnordwestlicher Richtung und macht den Schulweg zu einem regelrechten Windkanal. 20 km/h mag sich zuerst nicht nach viel anhören aber wenn man nur auf anderthalb Beinen unterwegs ist,

ist das ein nicht zu unterschätzender Faktor. Ich trotzdem wieder los. Kneifen will ich auch nicht. Dann halt nur die kurze Strecke. Definitiv mit Jacke denn das Thermometer zeigt zwar 20°C an, zieht aber nicht den Windchill ab. Und der ist gewaltig. Was mein naiver Erstversuch im T-Shirt schon bewiesen hat.

Und es wird wirklich ein Kampf, vor allem mit dem Wind im Rücken auf dem Hinweg. Er trägt mich nicht, er schubst. Ist genauso doof wie bergab. Nur gefährlicher, weil böig. Der Stock kommt heute mal wieder massiv zum Einsatz. Ohne den ginge gar nichts. Ich muss mich so stark aufs Korrigieren konzentrieren dass das Gangbild sicherlich gelitten hat. Der Rückweg ist besser, weil ich mich in den Wind lehnen und dadurch die Böen besser abfedern kann. Anstrengend ist's trotzdem. Puh, das war mal wieder interessant. 15:47 Workout im Sturm. Vielleicht ist morgen ja besser. Der Wind soll wieder auf westliche Richtung drehen, und da schützt mich die Häuserfront. Gut, dass es Negativbespiele gibt, sonst würden die Erfolge nicht hervorstechen. Was wären die Sterne ohne die Dunkelheit dazwischen.

Sonntag, 18.06.

Aufgewacht bin ich mit massig Wehwehchen. Akuter Muskelkater, sehr hoher Grundtonus, der ganze Rücken verspannt, die ganze linke Seite ist steinhart. Nicht die Vielfalt der Beschwerden ist erstaunlich, sondern die Intensität. Hinzu kommt echt wenig Bock. Passiert, auch mir. Ist das die Rache des Winds von gestern? Oder ist das eher kumulative Erschöpfung? Wird sich nicht eindeutig klären lassen. Ich mache mir also erstmal ein Espresso, futtere meine Pillen (verbotenerweise nehme ich eine Baclofen mehr, sag's meinen Therapeuten nicht), und kaue zwei, drei Stücke getrocknete Ginsengwurzeln. Damit habe ich letzten Winter angefangen, zur Antriebssteigerung. Manchmal hilft das. Jedenfalls muss es mir bald ordentlich besser gehen, sonst fällt Laufen aus. Wär' ja auch nicht so schlimm, hab ja etwa 50 Tage am Stück durchgehalten. Vielleicht brauche ich einfach mal ein paar Tage Pause. Ich lass den Morgen also entspannt angehen. Trinke noch eine Buttermilch mit Blutorangensaft. Erst gegen 10 Uhr merke ich, dass ich mal wieder vergessen habe, den Akku der Manschette zu laden. Stecke schnell das Ladekabel in die Buchse. Somit passiert vor zwei Uhr jetzt eh nichts mehr. Da die Buttermilch mich nicht gesättigt hat, mache ich schnell noch Maultaschen und

Champignons in Salbei-Butter. Die Sättigung danach nötigt mich quasi dazu eine Siesta zu halten. Ich schlafe tief und fest, und wache erholt wieder auf. Der Akku ist wieder voll. Bei mir, aber auch bei der Manschette. Sogar der graue Himmel ist aufgebrochen und die Sonne scheint wieder. Ich schmiere meine exponierten Stellen mit Sonnenschutz ein. Und los geht's! Eigentlich wollte ich langsam machen, aber es läuft sich sehr gut und auch schnell. Also was soll's. Tempo! Und zwar die ganzen 500 Meter zum Park und zurück. Geschafft in 19:36. Also unter 20 Minuten. Ich mampf gleich lieber noch mal ordentlich Magnesium.

Montag, 19.06.

07:19 für die kurze Strecke. Und heute ist draußen echt eklig. 27°C und hohe Luftfeuchtigkeit. Der einzige Grund für mich nicht in die Tropen zu ziehen. Na gut, meistens ist dort die medizinische Versorgung auch nicht so fantastisch. Und ich bin mir auch nicht sicher, ob die Physio- und Ergotherapeuten da was können. Gibt's da Krankenkassen? Wie hoch ist die Neurologendichte? Wenn ich's mir recht überlege, gibt's da einige Gründe gegen die Tropen. Malaria?

Dengue-Fieber? Diverse Sorten Meningitis? Lepra? Alles klar! Ich bleibe in Hamburg. Wer braucht schon Traumstrände? Und Palmen spenden eh kaum Schatten. Derweil habe ich wegen der tropischen Luft das Tempo gedrosselt und kann mich sehr gut auf's Laufen konzentrieren. Heut mal wieder Qualität und nicht Quantität. Freu mich schon auf die eiskalte Coke, die im Kühlschrank auf mich wartet. Die Werbung sagt: Coke bei 3°C. Ich mag's gerne ein wenig kälter und habe meinen Kühlschrank auf 2°C eingestellt. Ich Rebell.

Dienstag 20.06.

Schönes Wetter. Sonnig und immer noch recht feucht, aber nur um die 20°C und eine schöne kühle, konstant wehende Brise. Da lässt es sich laufen. Kurz vorher noch die Handgelenksorthese von Artour anlegen lassen. Wird schon nicht stören, dachte ich. Und los, bei der Tornquist dann kommt mir die ganze Sache spanisch vor. Habe wieder eine starke Innenrotation, liegt wohl an der Schiene, denk ich, und erhöhe die Impulsstärke von 5 auf 6 und laufe weiter und komme beim Park an. Die Innenrotation ist definitiv schlimmer geworden, und der linke Fußballen schleift jetzt gelegentlich über den Boden. Scheint nicht so clever gewesen zu sein mit der Schiene am Arm, erhöhe auf 7 und zurück! Eine halbe Ewigkeit später, wieder bei der Tornquist mache ich mir langsam Sorgen. Die Innenrotation des Fußes ist jetzt echt schlimm, liegt so irgendwo zwischen 60 und 70°, und der Fuß schleift quasi mit den Zehen konstant über den Boden. Ich bin sogar ein, zwei Mal an einer Kante hängengeblieben, konnte mich aber gut abfangen. Bin ab dem ersten Wackler sehr langsam und vorsichtig unterwegs. Ist fast so als wäre das Ding nicht an. Aber das kann ja nicht sein, beim Hochschalten sah es aus, als hätte die Fernbedienung geleuchtet. Ich hole die Fernbedienung noch mal raus. Nichts zu erkennen, die Sonne ist viel zu grell. Und der nächste Schatten ist eh schon zuhause. Vielleicht ist ja die Elektrode nicht mehr feucht genug. Oder ich habe die Orthese unterschätzt. Endlich im Schatten der Eingangshalle angekommen, knöpf ich mir nochmal die Fernbedienung vor. Die Fernbedienung hat vier Tasten. Zwei mit denen man die Intensität des FES einstellen kann, plus und minus. Einen Knopf, der die Fernbedienung einschaltet und die Funkverbindung zur Manschette aufbaut. Dieser leuchtet grün, wenn die Manschette verbunden ist. Und eine letzte Taste, die die Manschette startet. Die blinkt dann gelb. Doch das tut sie jetzt nicht. Ich hatte vergessen, die Manschette einzuschalten. Ich drücke den Knopf und werde mit einem sehr schmerzhaften, weil unerwartetem, Level 7 Impuls bestraft. Und ab da, wie von Zauberhand: Innenrotation weg, wieder ein sauberes Auftreten mit der Ferse und ein schönes Abrollen über den ganzen Fuß. Alle Symptome wie weggeblasen. Das Ding ist echt erstaunlich. Ach so, die Zeit war mit 45:19 natürlich erwartungsgemäß miserabel. Wo ist meine Cola?

Mittwoch, 21.06.

Heute war scheiße. Nicht falsch verstehen, die Zeit war ganz okay für die lange Runde. Also nicht die ganz Lange, nur die zum Park und zurück. Auf dem Hinweg alles super, auf dem Rückweg dann aber etwa auf Höhe der Tornquiststraße fing der Tremor an. Mist. Tempo drosseln. Einige Meter weiter kam der Krampf. Aua. Nur etwa 30 Meter vor der Tür ignoriere ich den erst mal und schlepp mich den Rest des Weges unter Schmerzen nach Hause. An der Tür stoppe ich die Uhr. Wie schon gesagt, ganz passabel mit 19:14. Wäre alles geschmeidig gelaufen, hätte ich eine Wahnsinnszeit hingelegt. Aber anscheinend steckt mir gestern noch gaaanz tiieeef in den Knochen. Ich nehme jetzt zwei

Baclofen und leg mich erstmal hin. Ich bin echt zerstört.

Donnerstag, 22.06.

Alles spielt verrückt, nur die Kaffeemaschine nicht. Die macht immer 1A Espresso. Ohne den ich morgens nicht aus 'm Quark kommen würde. Habe mal wieder nur so mittelgut geschlafen, und der Quadrizeps beklagt immer noch sein Leid. Der Grundtonus ist, sagen wir mal, war schon mal schlimmer. Aber nicht um viel. Dann kurz vor Feierabend: Weltuntergang. Schweres Gewitter, Orkanböen, zentimeterdicke Hagelkörner. Die norddeutschen Flughäfen stellen den Betrieb vollständig ein. Starkregen wie ich ihn noch nicht erlebt habe. Und ich bin jemand der es genießt, sich bei norddeutschen Sturmfluten auf den Deich zu stellen und sich bei Windstärke neun gegen den Wind stemmt. Zumindest früher. Inzwischen bin ich dafür viel zu kippelig, aber vermissen tue ich das schon. Und dann, Peng! Aus. Die Wolken reißen auf. Die Sonne kommt raus. Ach ja, für heute waren ja 30° plus angesagt. Aber noch sind's erst knapp über 20°. Hoffentlich wird das nicht ganz so schlimm. Zur Beruhigung des Quadrizeps mache ich heute nur die kurze Strecke. Es geht sogar recht gut (06:37), und ich hoffe, das Bein kann heute Abend etwas entspannen. Artour empfahl mir, ich soll das ganze etwas ruhiger angehen lassen. Da bin ich auch schon drauf gekommen.

Freitag, 23.06.

„Bist du sicher, dass du weißt, wo du hin willst?"

Ich schaue hoch von meinen Füßen und sehe wie ein junger Mann mit Sorge im Gesicht von seinem Fahrrad steigt und auf mich zukommt.

„Aber sicher." erwidere ich. Seine Sorge wechselt zu Skepsis.

Es dauert ein paar Sekunden bis ich verstehe was los ist. Ich hatte mich gerade auf meine kippelige Wende an der Tornquist konzentriert. Großer dürrer Mann mit Stock stakst um seine eigene Achse nur um dann zurück zu laufen? Eindeutig verwirrt, entflohen aus der geschlossenen Psychatrie? Dement? Drogen? Ich kläre ihn auf:

„Keine Angst, ich bin vollständig orientiert, mache nur meine tägliche Trainingsrunde."

Er zieht wieder von dannen, und ich beende meine Runde in 11:36. Warum so langsam? Nun ja, der

Quadrizeps hat sich immer noch nicht erholt von der langen Runde ohne Bioness und ist steinhart, deshalb auch die unsicher wirkende Wende. Ich dachte, mit der kleinen Runde würde es gehen. Hab ich mich wohl getäuscht. Ich hab's mal wieder übertrieben. Jan sagte bei der Ergo heute, vielleicht sollte ich das Training von den Beinen auf den Oberkörper nach oben verlagern. Zumindest bis der Quadrizeps sich wieder halbwegs normal verhält. Also mal wieder Theratrainer. Aber nur für den Oberkörper. Die Beine sind tabu! Ehrlich gesagt freue ich mich schon auf die Pause. Und ich hab einen echten besorgten Bürger getroffen, der diesen Namen auch wirklich verdient hat. Und nicht jemanden, der nur eine Ausrede für eine gestörte Gesinnung braucht.

Samstag, 24.06.

Heute passiert nichts. Zum einen regnet es wie sau, zum anderen glaube ich, ich muss mich wirklich mal schonen. Die Pause habe ich mir nach zwei Monaten Vollgas verdient.

Sonntag 25.06.

Heute passierte etwas mehr. Ich habe den Theratrainer für ein wenig Armtraining benutzt, Zehn Minuten vor- und etwa siebeneinhalb rückwärts. Jetzt fragt man sich, warum nur siebeneinhalb? Tja, beim Training wurde die Hand so weich, das sie ständig aus der Halterung geflutscht ist. Als sie nach dem sechsten, siebten Mal wieder Festbinden schon wieder entfleuchte, hab ich schlichtweg aufgegeben. Ich muss mal den Beutel mit dem Theratrainer-Zubehör suchen. Wenn ich mich recht erinnere, gab's darin noch mehr Bondage-Material zum Fixieren der Hand am Griff.

Dem Quadrizeps geht's besser. So gut, dass ich gerade den Müll mit eingeschaltetem Bioness runtergebracht habe. Hmm, vielleicht hätte ich mich aber auf nur einen Gang beschränken sollen. Aber nein, nach dem Restmüll, musste ich noch unbedingt zweimal mit Papiermüll nachlegen. Der Quadrizeps ist jetzt leider wieder fester, aber lange nicht so schlimm wie in den letzten Tagen. Zumindest ist der Müll runter. Bei den vorherrschenden Temperaturen entwickeln sich im Beutel rasend schnell kleine, übelriechende Zivilisationen.

Montag, 26.06.

Immer noch Pause. Der Quadrizeps hat durch die Müll-Aktion einen leichten Rückschlag erfahren, was aber heute im Laufe des Tages wieder besser wurde. Hab aber nicht komplett auf Training verzichtet, denn ich habe meine Handgelenksorthese den ganzen Arbeitstag getragen. Vielleicht geht's morgen ja wieder los. Dann aber nur 100 Meter, wenn das Wetter passt.

Dienstag, 27.06.

Das Wetter passt. Aber der Rest nicht so. Schlecht geschlafen, Grundtonus hoch und zu allem Überfluss hab ich mir noch eine Erkältung eingefangen. Ich schniefe wie ein Weltmeister und der Kopf ist dicht. Tut das denn Not? Zur Firma bin ich erst mal gegangen. Mal sehen, ob die mich bei der Physio haben wollen. Die sind da aus gutem Grund etwas pingeliger. Viele der Therapeuten absolvieren auch Hausbesuche bei bettlägerigen und da Keime oder Viren zu verteilen, ist fahrlässig, wenn nicht gefährlich. Wieder die Orthese bei der Arbeit angelegt. Aus Laufen wird mit dem dicken Kopf heute nichts. Es gibt eine verlängerte Siesta, einen Salat, und früh ins Bett. Schnell wieder gesund werden.

Mittwoch, 28.06.

Es geht mir heute deutlich besser, die Nase tropft nicht mehr, nur der Kopf ist noch etwas matschig. Aber ich glaube, heute probiere ich mal wieder die kurze Strecke. Aber ich lasse mir Zeit und mach nur 13:49. Aber die Bewegung tat gut. Es hat mir irgendwie was gefehlt. Der Quadrizeps fand das nicht, aber da muss er sich dran gewöhnen. Außerdem bekomme ich das Gefühl, dass wenn man nichts zu tun hat, die Tage ineinander verschwimmen. Irgendwie ist man gefangen in so einem merkwürdigen Schwebe-zustand der Gleichgültigkeit. Beängstigend!

Donnerstag, 29.06.

Schon wieder dicke Luft! 25°C, hohe Luftfeuchtigkeit und sonnig, wird also noch schlimmer. Die Gewitter sind schon angekündigt, aber erst für heute Abend. Sommer stelle ich mir irgendwie anders vor. Was soll's, ändern kann ich das eh nicht. Man nimmt's, wie's kommt. Artour legt mir noch die Handgelenksorthese an, und ich fange an zu zweifeln, ob ich laufe... Und wäre die angenehme Brise nicht gewesen, hätte ich mich direkt zu meiner Coke begeben. So aber hab ich mich auf die Strecke gestürzt und für die 200 Meter eine gemütliche 11:16 aufs Parkett gelegt. Immerhin geht's dem Quadrizeps etwas besser.

Freitag, 30.06.

Es gießt und gießt und gießt. Berlin ist gestern schon abgesoffen. Dreißig Zentimeter Wasser auf den Hauptstraßen. Zum Glück wohne ich im ersten Stock. Habe auf dem Heimweg eine kurze Phase normalen Regen abbekommen, bin also nur etwas nass geworden und bin nicht durchtränkt zuhause angekommen.

Samstag, 01.07.

Hamburg ist nicht ertränkt worden. Aber heute Morgen immer noch Starkregen. Aber so nach und nach im Laufe des Vormittags hört der Regen auf, und ich komme doch zum Laufen. Es geht nur zäh voran, und ich konzentriere mich auf Qualität und gönne mir Zeit. Immerhin ist Wochenende, und ich schaffe nur eine 10:42 für die kurze Strecke. Bis jetzt ist der Sommer echt murks, hat definitiv noch Steigerungspotenzial.

Sonntag, 02.07.

Als ich bei der Tornquist ankam, nieselte es schon wieder. Eigentlich wollte ich noch weiter, denn dem Quadrizeps geht's besser. Noch nicht gut, aber deutlich besser. Aber ich drehe lieber um, es wird schon wieder dunkler. Dabei ist es grade mal 14 Uhr. Mitten im Sommer. Es ist schon den ganzen Tag bewölkt und immer wieder kommt auch heftiger Regen runter bei nur 14°C. Ich drehe also lieber um. Zu Recht, wie sich rausstellt. Bis ich zuhause bin, regnet's wieder, aber dank Jacke und breitem Hut werde ich nur oberflächlich nass. Immerhin nur 06:21 gebraucht.

Ey Petrus, guck mal auf'n Kalender!

Montag, 03.07.

Na, schau mal einer an. Petrus hört auf mich? Viel Sonne, wenig Wind, schön warm. Geht doch! Und dann ist der Quadrizeps auch halbwegs entspannt. Heute mal wieder 500 Meter. Wenn's Wetter hält. Es sind für heute Nachmittag durchziehende

Gewitter angekündigt... Aber es hält, wird sogar noch besser. Auf den 500 läuft es sich gut. Nur zum Schluss wird's anstrengend. Erstaunlich, wie schnell es mit der Kondition bergab geht, wenn man die Strecke auch nur kürzt. Aber die Pause tat auch Not. Hab zur Sicherheit eine Extra-Baclofen eingeworfen. Ja, soll ich nicht, aber im Hintergrund laufen schon seit ein paar Wochen die Verhandlungen mit der Krankenkasse und die Messbarkeit ist nur noch sekundär. Ach so: 22:06.

Dienstag, 04.07.

Endlich mal wieder unter sechs Minuten. Dabei hatte ich nicht mal den Vorwärtsdrang und der Quadrizeps stand auch noch unter Strom von gestern. Vielleicht lag's aber auch daran, dass ich das Pferd von Hinten aufgezäumt habe. Wie das? Nun ja, ich bin zeitig aufgewacht, in der Küche die Balkontür aufgemacht und wurde regelrecht von einer sehr angenehmen Frische umspült. Da dachte ich mir: „Warum nicht mal morgens vor der Arbeit laufen? In der Kühle des Morgens und nicht in der Mittagshitze. (Falls es mal nicht gewittert/regnet/hagelt). Und das ganze vor der Arbeit oder Therapie. Gesagt getan. War aber sehr viel Verkehr auf der Strecke, Fahrräder en masse. Und viele (teilweise sehr) dicke Mädels, die durch Jogging versuchen Ihre Pfunde loszuwerden. Respekt! Find ich super. Ich versuche selbst gerade meinen Bauchansatz zu reduzieren. Da mehr Bewegung schwer ist, gibt's halt hauptsächlich Salat. Tipp am Rande: Senföl. Noch etwas Honig und Essig, ergibt eine 1A Vinaigrette. Zurück zum Lauf. Der war durch die Frische sehr angenehm. Konnte sehr gut auf Hüfte nach vorne achten. Und diesmal auch auf Kopf hoch, voraus schauen. Geht gerne mal unter. Kann ja auch nicht immer an alles denken. Jedenfalls war es mit einer Zeit von 05:46 echt mal wieder gut. Muss auch keine extra Baclofen nehmen, denn ich habe ja gerade zwanzig Milligramm im regulären Turnus genommen. Und das Schönste: Ich habe den Nachmittag frei!

Mittwoch, 05.07.

Welch verquerer Tag. Wollte eigentlich vorweg laufen, aber dann fiel mir ein: Treffen mit Carolin bei der Ergotherapie. Gegenmaßnahmen ergreifen, denn der medizinische Dienst der Krankenkasse hat unser Videomaterial als Beweismittel abgelehnt. Begründung: ich trage eine Hose, man sehe ja nichts. Ernsthaft? Hmm. Nun ja, die legen sich schon mal ihre Ausreden zurecht. Vermutlich werde ich gleich im Hinterhof bei der Ergo halbnackt in Unterhose herum stolzieren. Dann laufe ich lieber mal nach der Arbeit. Dann braucht das Taxi wieder ewig. Damit habe ich gerechnet, denn in Hamburg ist Ende der Woche der G20-Gipfel, und die Taxifahrer machen sich schon mal rar. Ich bin also wieder zu spät, obwohl ich 20 Minuten Extrazeit eingeplant habe. Carolin kommt gar nicht. Sie ist krank. Wir drehen vier neue Videos, zum Glück drinnen. Mein Gangbild mit und ohne Bioness jeweils aus zwei verschiedenen Perspektiven, wirklich ohne Hose. Ich finde, man sieht den Unterschied sehr deutlich. Dann schreibt Jan jetzt doch schon seinen Therapeutenbericht und ich eine kurze halbseitige Stellungnahme.

Wieder zuhause sollte Rewe zwischen 15 und 17 Uhr meine Salatreserven aufstocken. Es wurde 17:30. So langsam schwindet meine Lust. Ich laufe aber trotzdem und mache auf der kurzen Strecke 06:26. Mir fällt dabei die deutlich erhöhte Polizeipräsenz auf. Mindestens sieben Streifenwagen fahren an mir in den sechs Minuten vorbei. Ein Mannschaftswagen steht beim Park, aber soweit will ich heute nicht. In der Zwischenzeit blubbert mein Pörkölt im Dampfdrucktopf auf dem

Herd. Pörkölt ist das, was wir üblicherweise Gulasch nennen. Aber bei den Ungarn ist Gulasch eine Suppe. Kein Eintopf. Da ich einen Eintopf mache, ist es ein Pörkölt, und so lecker, dass ich definitiv zu viel esse. Au!

Donnerstag, 06.07.

Heute aber! Vor der Arbeit Laufen. Die Polizeipräsenz scheint nicht mehr ganz so hoch. Nur vier Streifenwagen und der Park wird nicht mehr belagert. Da der Quadrizeps heute recht unentspannt ist, gibt's nur die kleine Runde in 06:41. Auf zur Arbeit. Aber G20 macht mir einen gewaltigen Strich durch die Rechnung beim Heimweg. Da das Gästehaus des Hamburger Senats (die temporäre Wirkungsstätte der White-House-Aushilfe) mal gerade etwas über einen Kilometer von meiner Arbeitsstätte entfernt ist, wird kurz vor meinem Feierabend einfach mal alles gesperrt und der komplette Stadtteil lahmgelegt. Überall Polizei und Stau, Stau und noch mehr Stau. Wäre ich nur eine halbe Stunde früher raus, dann hätte alles reibungslos geklappt. Kein Taxi in Sicht. Also schon, die App sagt acht Minuten, berücksichtigt aber nicht, dass nichts mehr geht. Kein Taxi hat Lust, sich in meine Richtung zu bewegen. Ganz ehrlich. Das kann ich voll verstehen. Es ist schönes Wetter, was soll's, läufst du halt zum Hofweg, dort ist ein Taxistand an dem laut App zwei Taxen stehen. Ist ja nur fast ein halber Kilometer und dabei auch noch recht flach. Ich muss aber feststellen, dass der Gehweg nicht gut ausgebaut ist, und es ist grad Mittagszeit und somit ist viel los. Nach dem Spießrutenlauf war natürlich kein Taxi mehr da. Und nun? Na weiter, oder? Viel mehr bleibt mir ja nicht. Vielleicht ist hinter der Sierichstraße weniger los. Die ist immer so eine Grenze... Also den Mühlenkamp entlang. Dort steht ein Taxi im Stau. Ich frage ob er frei ist. Er bejaht, sagt aber, wir seien hier im Viertel gefangen. Er hat auch kein EC und meine Barreserven belaufen sich auf nur 30 Euro. Als wir dann in zehn Minuten mal gerade drei Wagenlängen vorangekommen sind, und das auch noch in die falsche Richtung (wenden ist unmöglich), frage ich, ob ich wieder aussteigen darf. Er bejaht wieder:

„Bringt eh nix heute."

Ich bedanke mich für die Pause und mache mich wieder auf den Weg zurück über die Sierichstrasse (komplett leer, die ist oben gesperrt, weil sie die Zufahrtsachse vom Flughafen zur Innenstadt und auch Trumps Domizil ist). Also weiter. Aber ich sehe nur endlose Autokolonnen. Irgendwo muss doch das Ende vom Stau sein. Und da kann ich dann ein Taxi hinbestellen. Weiter geht es an der Bellevue vorbei, auf zur Fernsicht (immer noch Stau), dann über die Krugkoppelbrücke (Stau nur noch Stadt einwärts). Hier treffe ich auf noch ein freies Taxi, das fest steckt. Ich spreche den Fahrer an:

„Nicht lieber nach Eimsbüttel?" frage ich.

„Nee, da komme ich gerade her, bin jetzt … " er schaut auf seine Uhr, " … vier Stunden unterwegs, hab mein Umsatzziel erreicht und will jetzt nur noch nach Hause…" Ich wünsche ihm viel Erfolg und ziehe weiter. Es ist das dritte Taxi, dass ich im Stau treffe, die anderen hatten aber alle schon einen Passagier.

So langsam merke ich auch meine Beine. Ich habe aber noch keine größeren Probleme. Nach der Brücke kommt auf der rechten Seite ein Park, und ich erspähe eine Parkbank im Schatten. Ich könnte ja auch mal eine Viertelstunde Pause machen. Oder? Aus Sicherheitsgründen habe ich mich etwa seit dem Mühlenkamp mit meiner Frau Mattea kurzgeschlossen. Wenn man zu solchen Aktionen genötigt wird, ist es besser, wenn jemand Bescheid weiß, dass ich unterwegs bin und eine ungefähre Ahnung hat, wo ich mich befinde. Nur falls ich kollabiere oder so. Ich pflanze mich also auf die Bank und blicke gemütlich über die Außenalster. Herrlich hier im Halbschatten. Da kommt eine Nachricht von Mattea. Sie ist mit dem Fahrrad unterwegs und kommt mir entgegen. Damit ich nicht alleine latschen muss. Super, ich übermittle ihr meine Koordinaten.

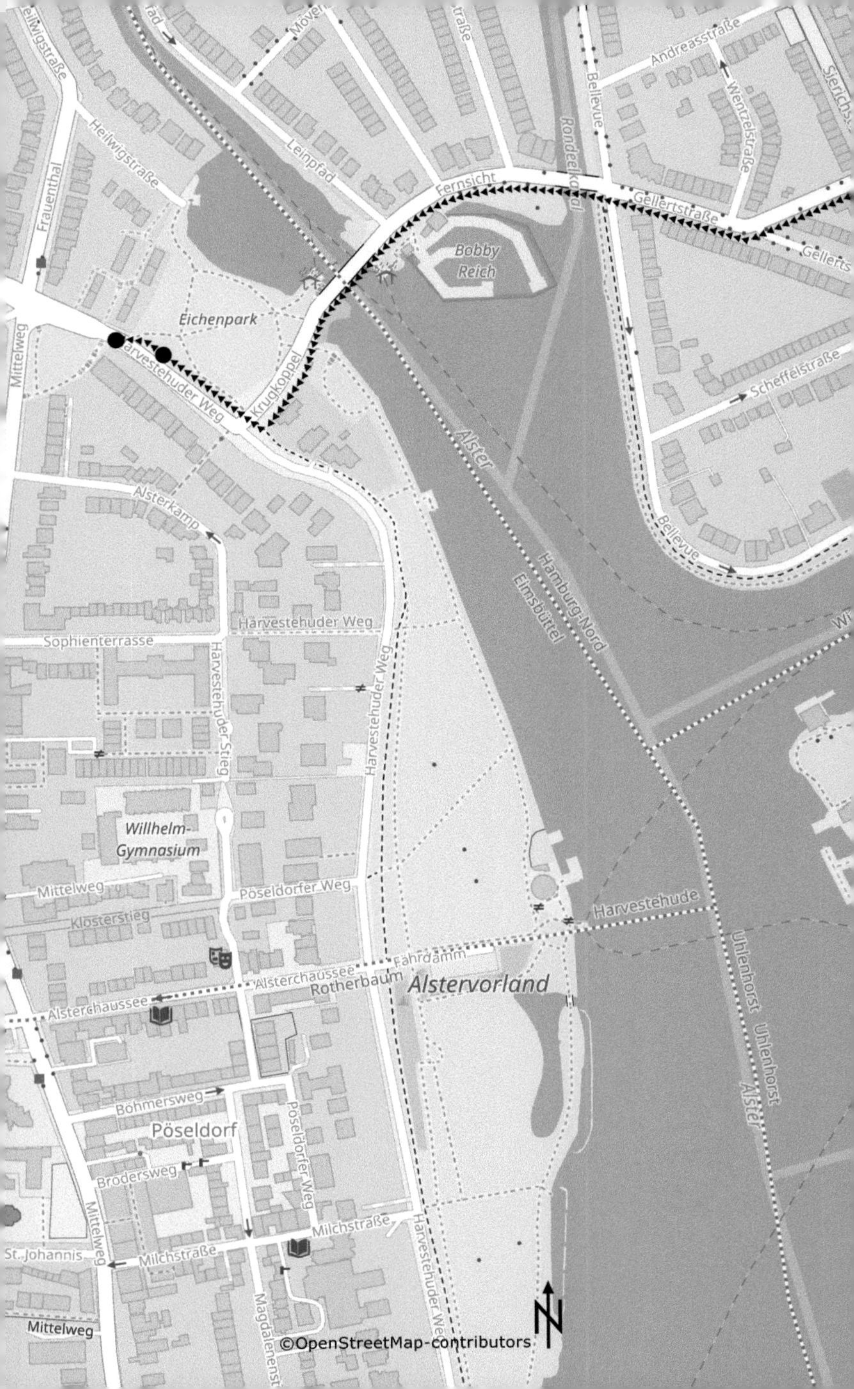
Hellwigstraße
Frauenthal
Mittelweg
Leinpfad
Möve...
...traße
Fernsicht
Bobby Reich
Rondeelkanal
Bellevue
Andreasstraße
Wenzelstraße
Sjerichs...
Gellertstraße
Gellerts...
Scheffelstraße
Bellevue
Eichenpark
Harvestehuder Weg
Krugkoppel
Alster
Alsterkamp
Hamburg-Nord
Elmsbüttel
Harvestehuder Weg
Sophienterrasse
Harvestehuder Stieg
Harvestehuder Weg
Willhelm-Gymnasium
Mittelweg
Pöseldorfer Weg
Klosterstieg
Alsterchaussee
Fahrdamm
Rotherbaum
Alstervorland
Harvestehude
Uhlenhorst
Uhlenhorst
Alster
Wi...
Alsterchaussee
Böhmersweg
Pöseldorf
Pöseldorfer Weg
Brodersweg
Mittelweg
Milchstraße
St. Johannis
Milchstraße
Harvestehuder Weg
Magdalenenst...
Mittelweg
©OpenStreetMap-contributors
N

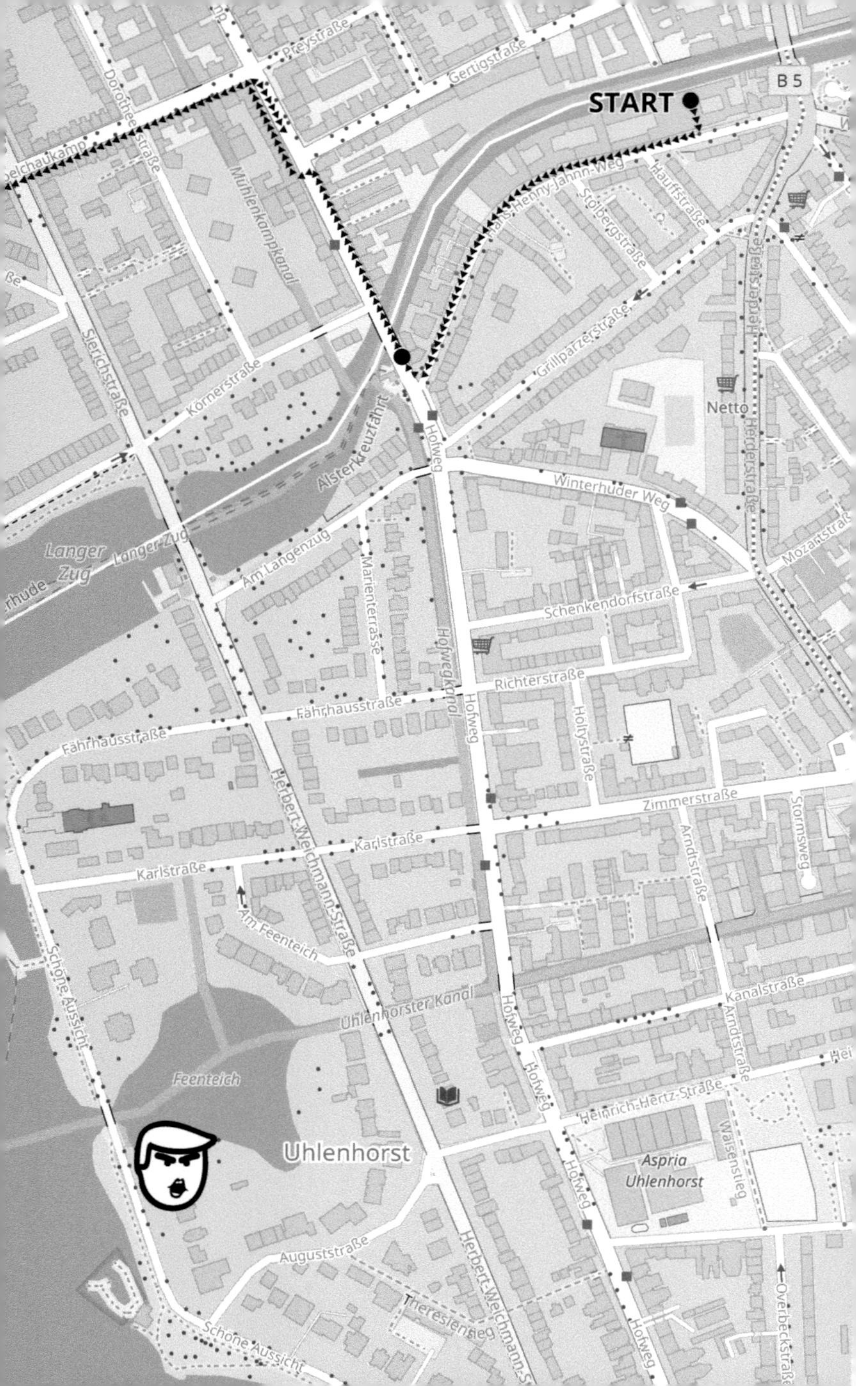
START
B 5
Dorothee-Straße
Preystraße
Gertigstraße
Hans-Henny-Jahnn-Weg
Hauffstraße
Stolbergstraße
Herderstraße
Mühlenkampkanal
Sierichstraße
Körnerstraße
Alsterkreuzfahrt
Hofweg
Grillparzerstraße
Netto
Winterhuder Weg
Mozartstraße
Langer Zug
Langer Zug
erhude
Am Langenzug
Marienterrasse
Schenkendorfstraße
Hofwegkanal
Richterstraße
Hölystraße
Fährhausstraße
Fährhausstraße
Hofweg
Zimmerstraße
Stormsweg
Herbert-Weichmann-Straße
Karlstraße
Arndtstraße
Karlstraße
Am Feenteich
Kanalstraße
Uhlenhorster Kanal
Hofweg
Arndtstraße
Feenteich
Heinrich-Hertz-Straße
Waisenstieg
Uhlenhorst
Aspria
Uhlenhorst
Hofweg
Auguststraße
Herbert-Weichmann-S
Theresienweg
Hofweg
Overbeckstraße
Schöne Aussicht
Schöne Aussicht
Schöne Aussicht

Dann sehe ich, dass mein Handyakku fast leer ist. Ich kille panisch alle laufenden stromfressenden Apps, was ein Fehler ist, denn ich vergesse den Track zu speichern. Mist! Na muss ich halt am Laptop nachmessen. Wenig später trifft sie ein. Mit dem Fahrrad scheint man gut durchzukommen. Ich erkläre ihr meinen Plan, weiter bis zum Mittelweg, die Hagedornstraße runter bis Hochallee, da ist bestimmt kein Stau mehr. Sie macht die Vorhut und checkt die Lage voraus mit dem Fahrrad, kommt aber sehr schnell wieder. Sie hat ein freies Taxi gefunden. Das wartet jetzt auf mich. Oben am Harvesterhuder Weg, noch 200 Meter, ein ziemlich steiler Anstieg und ich hab's geschafft! Bevor ich ins Taxi steige verabschiede ich mich von Mattea, bedanke mich herzlichst. Sie radelt wieder zurück. Meine Vermutung stimmte, hinter dem Mittelweg sind die Straßen wieder leer.

Zuhause angekommen schmeiß ich direkt den Rechner an, um die Strecke zu errechnen und komme auf 2,5 Kilometer in zwei Stunden! Dafür geht's mir erstaunlich gut. Klar, der Quadrizeps dreht durch, aber ich bin nicht halb so erschöpft wie befürchtet, ohne Bioness undenkbar! Ich glaube sogar, dass ich es alleine bis zur Hochallee geschafft hätte. Zum Glück sind wir morgen freigestellt. Und Therapie ist auch nicht. Also langes Wochenende ... Aber hätte man das G20 nicht auf Helgoland veranstalten können? Und wo ist meine kalte Coke? Ach da! Schlürf.

Freitag, 07.07.

Die Hubschrauber nerven gewaltig. Vorhin zog eine kleine Demo an meinem Schlafzimmerfenster vorbei. Da lag ich noch im Bett. Ich würde schätzen, es waren etwa 200 Leute. Friedliches junges Volk, liefen zügig vorbei. Gefolgt von mehr als zehn Polizeiwagen. Alles schön gewaltfrei. In Altona sieht das anders aus. An der Max-Brauer-Allee brennen Autos, darunter auch Polizeiwagen. Mal sehen, ob ich heute laufe. Körperlich bin ich erstaunlicherweise zu einer kleinen Strecke in der Lage. Ist mehr eine Sicherheitsfrage. Erstmal meinen Espresso.

Also, wenn die Busse wieder fahren, kann keine Demo in der Nähe sein. Elektroden sind feucht, Manschette ist umgelegt, bunter Hut ist aufgesetzt. Ich entscheide mich gegen den schwarzen Kapuzenpullover – es ist mit 24°C dafür eh zu warm – und gehe runter. Hin und wieder ein Tremor, der

Quadrizeps ist eindeutig dagegen. Ein Auto kommt aus einer der Tiefgaragen und versperrt mir kurz den Weg, fährt zurück und lässt mich dann doch durch. Der Kofferraum ist voll Strandsachen. Poolnudeln und dergleichen lugen hinter Handtücherstapeln und Kühlboxen hervor. Schnell weg hier! Ich dagegen laufe nicht zum Strand, sondern nur bis zur Tornquist und mache mich dann auf den Weg zurück. Der Tremor wird intensiver, stört beim Laufen aber nicht, er nervt nur. Zwei Hubschrauber kreisen immer noch über Altona. Drei Feuerwehren rasen mit Blaulicht und Tatütata Richtung Norden an mir vorbei. Ein kleiner Schwarm Polizeiwagen hinterher. Der G20-Protest geht weiter. Ich kämpfe auch, aber an anderer Front. Endlich an meiner Ecke angekommen stoppe ich den Tracker mit 06:53. Für total zerstört gar nicht mal so übel.

Samstag, 08.07.

Wetter ist super, Krawalle sind vorbei. Gestern Nacht wurden die Steine werfenden Gewalttäter nach drei Stunden vom bis auf die Zähne bewaffneten Mobilen-Einsatz-Kommando von den Baugerüsten geholt. Bei der Übermacht haben die Delinquenten einfach aufgegeben. Ein Glück haben wir so strenge Waffengesetze. Gar nicht auszumalen, was passiert wäre, wenn die auch mit Sturmgewehren statt Flaschen bewaffnet wären. Jedenfalls war in Eimsbüttel nichts los. Es sind mehr Taxen als Polizei unterwegs. Dann heute die G20-Abschlusserklärung, alles halbwegs normal. Nur beim Klima mal wieder Trump gegen den Rest der Welt. Dazu fällt mir gerade ein Witz ein, der in Anbetracht der Umstände gar nicht mehr so witzig ist:

Mars und Erde kommen sich auf ihren Umlaufbahnen seit tausenden von Jahren mal wieder näher.

Sagt der Mars zur Erde:

„Hey, lang nicht mehr gesehen, wie ist es dir ergangen?"

„Geht so, ich glaube, ich bekomme wieder Fieber", erwidert Erde.

„Stimmt, du siehst auch echt kaputt aus", sagt Mars.

„Ich glaub', ich hab mir einen schlimmen Fall von Mensch eingefangen," meint Erde.

Da sagt Mars: „Verstehe. Da mach dir da mal keine Sorgen. Hatte ich auch mal, das geht von alleine wieder weg!"

Hmmm.

Jedenfalls, durch den Hubschrauber-Einsatz letzte Nacht bin ich nicht viel, oder sagen wir mal, recht spät zum Schlafen und somit auch recht spät zum Laufen gekommen. Aber ich bin ganz bis zum Park gekommen. Der Rückweg war durch meinen G20-Lauf etwas schwierig, wurde aber von mir gut bewältigt. Dann der Schock! Naja, so schlimm war's nicht. Ich hatte nur den Tracker nicht angeworfen. Somit kann ich keine Zeit berichten. Hmpf. Sehr unbefriedigend.

Nachtrag: Erdogan lässt sein Parlament das Pariser-Klima-Abkommen auch nicht ratifizieren. Noch so 'n Despot. Die können dann ja jetzt zu zweit eine Selbsthilfegruppe für Populisten gründen, wenn's vorbei ist.

Sonntag 09.07.

Heute gibt's eine Zeit und zwar 30:17. Nicht so der Hit. Aber ich wurde auch abgelenkt.

Auf dem Weg zum Park, etwa auf Höhe der Tornquist, in der Ferne erst Sirenen. Dann über Lautsprecher:

„Achtung Kolonne, gehen Sie nicht auf die Straße, Achtung Kolonne!"

Es düsten zwei Polizeimotorräder, zwei Polizeiwagen, drei große schwarze Limousinen und ein schwarzer Transporter vorbei. Gefolgt von drei weiteren Polizeitransportern und zum Schluss noch zwei Motorräder. Alle in einem Affenzahn Richtung Flughafen. Die Limousinen waren nicht beflaggt. Somit gibt's keine Aussage zu wer oder was das war. Schade, hätte gerne wen vom G20 „gesehen". Letzte Nacht wieder Krawalle auf der Schanze, diesmal griff die Polizei schneller ein und riegelte den Stadtteil ab. Trotzdem brannten wieder Autos. Manchmal verstehe ich die Leute nicht. Wieso parkt man sein Auto in so einem Krisenherd? Da parkt man doch lieber in einem äußeren Bezirk und fährt mal mit der S-Bahn rein, oder? Von meinem Schlafzimmerfenster aus war vom Trubel nichts zu sehen bis auf gelegentliche Polizei-Kolonnen. Drei, vier manchmal auch zehn Polizeitransporter fuhren hin zum Geschehen oder auch mal in die andere Richtung.

Dann, etwas spannender, so gegen zwei Uhr, fuhren zwei dunkle mittelgroße Limousinen mit Hamburger Kennzeichen vor, aus dem jeweils Fahrer und Beifahrer ausstiegen, ein loses Grüppchen bildeten und sich mit starrem Blick Richtung Schanze drehen. Dann und wann sprechen die Männer nicht miteinander sondern meistens mit einer unsichtbaren fünften Person. Ist noch jemand in einem der Autos? Aber sie sind leider knapp außer Hörweite. Nur leise Laute dringen zu mir hoch, keine Worte auszumachen. Trotzdem alles sehr ominös. Dann im gelblichen Schein der Straßenlaterne sehe ich wie einer der Vier einen einen Stecker aus dem Ohr zieht und es am Kabel vor der Brust baumeln lässt. Vier große Männer in legerer dunkler Kleidung mit Knopf im Ohr? Hey, ich hege den begründeten Verdacht das zwei Zivilstreifen vor meinem Schlafzimmerfenster Posten bezogen haben! Sehr auffällig, Jungs. Ich hatte das Fenster inzwischen weit aufgemacht, mir einen Stuhl rangeschoben und die Szenerie beobachtet, denn es war eine schöne laue Sommernacht. Fehlte eigentlich nur noch ein Bier, aber ich hatte keins mehr kalt. Sei's drum. An

Schlafen war eh nicht zu denken. Leider gab's auch wieder kreisende Hubschrauber bis etwa vier Uhr morgens. Dementsprechend war's wieder nur eine kurze Nacht.

Montag, 10.07.

Und ich hätte doch heute Morgen laufen sollen. Da war es noch trocken, denn daran ist jetzt nicht mehr zu denken. Es ziehen mal wieder dicke Wolken übers Land: Regen, Regen und noch mehr Regen. Soll zum Abend aber besser werden. Schau'n wir mal ... ist aber nicht! Immer noch Starkregen. Bäh.

Dienstag, 11.07.

Morgen früh sind die drei Monate rum. Und so habe ich mir die letzten Tage der Testphase nicht vorgestellt. Kleine Gewitterzellen ziehen immer noch vorüber und bringen mal Starkregen, mal Hagel. Dazu noch starke Böen. Aber ich bin ja nicht zum Spaß hier und lasse mir von Artour die Handgelenksorthese anlegen und starte, wie auch die letzten 74 Mal an der Ecke Schulweg /Henriette und laufe das letzte Mal in der regulären Mietzeit zur Tornquist. Dank der Gewitter mache ich nur die kurze Variante. Ich hatte eigentlich vor mich gemütlich auf die Parkbank zu setzen und was zu lesen, vielleicht eine Cola mitnehmen. Etwas Feierlicheres. Aber sollte wohl nicht sein. Dann gibt's halt noch einen Lauf, bei dem ich penibel auf die Qualität achte. Keine Hetze. Gemach, gemach. Zumindest ist es grad trocken.

Stock ran, sauber abrollen, Hüfte vor, schön aufrecht, Brust raus, Blick nach vorne. Linker Schritt lang, rechter nicht ganz so lang. Alles tutti. Das meiste mache ich inzwischen fast automatisch. Und es wirkt! Meine Hüftfehlstellung ist dramatisch besser geworden. Der Spitzfuß und die Innenrotation wie weggeblasen. Ich bin viel, viel aufrechter und belaste jetzt wieder meine linke Seite. Zwar noch nicht voll, aber spürbar mehr. Dadurch ist auch mein Gleichgewicht weiter im Lot. Meinen Aktionsradius verzehnfacht. Die erzwungenen 2,5 Kilometer vom letzten Donnerstag spüre ich zwar immer noch in den Knochen – das muss ich so nicht wieder haben – aber vor dem Bioness kamen nicht mal 50 Meter in Frage. Jetzt laufe ich regelmäßig 500 ohne größere Probleme. Das ganze „nur" durch eine Manschette, die mir zum richtigen Zeitpunkt Elektroschocks verpasst, die ich inzwischen nicht mal mehr spüre. Alles in allem ein unglaublich beeindruckendes Ergebnis.

Ich finde, ich habe alles gegeben, manchmal sogar darüber hinaus. Der weitere Verlauf liegt jetzt nicht mehr in meinen Händen. Ich habe den Ball mit allem was ich habe übers Netz geprügelt. Jetzt ist meine Krankenkasse am Zug. Ach ja, die letzte Zeit war gemütliche 11:29.

Mittwoch, 12.07.

MPM und Carolin haben mir zugesagt, dass ich dieses System erst mal weiternutzen kann, bis die Krankenkasse zusagt, was wir alle für recht wahrscheinlich halten. Zumindest solange MPM keinen akuten Bedarf hat geht's erstmal weiter. In der Zwischenzeit übersetze ich diesen Bericht ins Englische für meine Australier. Und ganz ehrlich, bis jetzt liest sich der sogar besser.

Dienstag, 08.08.

Bin heute Morgen mit etwas steifem Nacken aufgewacht. Hab mir letzte Woche zwei neue Kissen für's Bett zugelegt, und daran hat sich mein Körper noch nicht gewöhnt. Ich hatte keine Lust mehr auf regelmäßige Probleme mit meinem Rücken und probiere mich jetzt durch die Kissenauswahl von

Ikea. Ist aber auch schon viel besser geworden. Somit muss ich mir was überlegen für die große kubanische Flagge auf der ich bis jetzt schlief. Bin heute nicht vor der Arbeit gelaufen, da mein Quadrizeps etwas zwickt und weil ich etwas länger liegengeblieben bin. Kommt vor, laufe ich halt nach Physio. Auch kein Problem. In der Arbeit vertieft, klingelt mein Handy, Carolin von MPM. Oh, je. Vermutlich die nächste Hiobsbotschaft? Abgelehnt! Wir müssen in den Widerspruch ...

Ich: „ Moin, moin Caro"

„Wie geht's?" fragt sie.

„Noch gut, wieso?" erwidere ich vorsichtig.

„Gleich geht's dir viel, viel besser. Das Bioness wurde genehmigt!"

„Ernsthaft? War der Bericht der Physiotherapeuten dann ausschlaggebend?"

Ich habe den Physio-Bericht sowie einen Bericht meiner Neurologin präemptiv in Auftrag gegeben, denn der MDK, bei dem der Vorgang hängengeblieben war, ließ nichts von sich hören und auf die zu erwartende Ablehnung und den daraus resultierenden Rattenschwanz wollte ich vorbereitet sein. Carolin wollte zuerst beide zusammen an den MDK weiterleiten, aber als dann meine Neurologin überraschend in einen dreiwöchigen Urlaub verschwand, hat Carolin gestern doch den Physio-Bericht weitergeleitet.

„Kann ich nicht sagen" meint Carolin. „Wäre aber ein merkwürdiger Zufall, wenn dem nicht so wäre. Ist ja aber auch letztlich egal. Die schriftliche Genehmigung bekomme ich morgen, und dann bestelle ich dein L300!"

„Wie cool, danke! Bis die Tage, wir sehen uns ja dann spätestens bei der Übergabe."

„Genau, schönen Tag noch." Den werde ich sicherlich haben.

Wer hätte denn mit sowas gerechnet? Ich nicht. Ich habe nicht wirklich, Hand aufs Herz, mit einem Gang vor Gericht gerechnet. Das wäre der Kasse zu teuer gewesen. Vor allem mit den ganzen Vorteilen, die das System mir bietet, wäre das ein klarer Fall für mich geworden. Aber mit einem Nein und dem Widerspruch meinerseits, hätte ich allemal gerechnet. Bin da wohl etwas zu pessimistisch. Die Arbeit mit (oder gegen) meiner Krankenkasse ist meistens eher ein Kampf. Aber wenn man sinnvolle und plausible Argumente parat hat, den Behördengang nicht scheut und hartnäckig bleibt, kann man auch was erreichen.

Donnerstag, 10.08.

Heute bin ich vor der Arbeit gelaufen. Zwar nur die 200 Meter, aber ich war etwas spät dran. Zeit: 06:03. Ganz knapp vorbei! Egal, ich muss keinem mehr was beweisen. Bei der Arbeit dann, klingelt das Handy schon wieder. Ungewöhnlich, ein Notfall? Normalerweise kommunizieren doch inzwischen alle per Chat. Nur bei ganz wichtigen Mitteilungen ruft man an. Ah, nein, schon wieder Carolin. Doch keine schriftliche Bestätigung? Alles zurück? Zu früh gefreut?

„Moin Caro" eröffne ich.

„Rate mal, was ich hier liegen hab?" erwidert sie.

„Neee, jetzt schon?"

„Genau, ein ganz frisches L300 für dich, wann kannst du vorbeikommen?"

„Morgen hab ich Ergotherapie nebenan. Ich muss aber Jan noch fragen, wie wir das mit der Therapie machen? Ob wir das nach oder statt der Therapie machen und ob er bei der Übergabe dabei sein möchte?

„Tausch, denke ich, keine Übergabe. Ich hätte das Leihgerät schon gerne wieder."

„Kein Problem, wie ist das mit den Elektroden. Sind bei dem Neuen welche dabei?"

„Denke schon. Bring einfach mal alles mit. Wir sortieren dann vor Ort. Und ich würde ungern Jans Freizeit opfern. Klär das mal."

„Viel einfacher, der Tausch geht ja recht schnell. Ich komme um 14:15 zu dir, Jan stößt dazu, wenn er Lust hat. Und wir oder ich wandern danach dann rüber und machen Therapie in der übriggebliebenen Zeit. Alles ganz entspannt."

„So machen wir das, bis Morgen."

Das ging ja sehr schnell. Wie cool! Schon morgen hab ich mein Bioness. Hoffentlich finde ich das ganze Zubehör vom Leihgerät. Ladekabel nicht vergessen! Und ja, das war einen Anruf wert!

Freitag, 11.08.

Ich glaube, ich hab alles gefunden. Zumindest ist der Koffer jetzt voll. Ich habe noch über Nacht alles geladen. Damit der nächste Kandidat direkt loslegen kann. Nur das Ladegerät war nach Füllen des Koffers noch über. Ich kann mich beim besten Willen nicht daran erinnern, wo das hinkam. Das habe ich jetzt einfach in die Lücke der Manschette gelegt. Nicht hübsch, aber der Deckel geht zu, ohne dass was klemmt oder unter Spannung steht. Klappe zu, Affe tot. Komisches Gefühl ohne Manschette zur Arbeit zu tapsen. Und es ist wirklich ein Tapsen. Denn die Unsicherheit ist wieder da, Innenrotation und Spitzfuß auch. Das Laufen ist wieder anstrengend. Ich gehe heute trotzdem den Tag mal ohne. Erstens: um den Unterschied wieder deutlich zu spüren. Zweitens: weil ich zu faul bin, alles wieder auszupacken. Ich will nochmal sehen, wie sehr ich das System benötige. Ein finaler Test, nur für mich.

Ich bin etwa eine halbe Stunde zu früh dran. Und weil meine Blase voll ist, gehe ich erstmal zur Ergo. Da kenne ich die Klosituation. Das macht es meist einfacher. Außerdem kann ich dann mit Jan gemeinsam rübergehen. Er kann dann auf mich aufpassen. Denn ich habe ja den Zusatz B in meinem Behindertenausweis. Der verlangt eigentlich eine ständige Begleitperson. Viel wichtiger ist, dass er den immer schwerer werdenden Koffer tragen kann. Jan ist noch in Therapie, und ich setze mich erstmal in den Wartebereich. Wie gesagt, ich bin früh dran. Ich schnapp mir mein erstes Buch, die haben immer ein Praxis-Exemplar rumliegen, und blättere ein wenig darin rum und finde auf Anhieb zwei Fehler. Aber keine, die ich nicht schon früher entdeckt hätte. Hmpf. Ich leg das Buch wieder weg und widme mich der Washington Post aufm Handy. Der Disput Trump vs. Nordkorea wird immer hitziger. Auch nicht lustig. Da öffnet sich die Tür zum Behandlungsraum, und Patient und Jan kommen heraus. Es kann losgehen. Während wir rüber laufen, ermahnt mich Jan mehr Haltung zu zeigen. Ich erkläre, dass ich das Bioness im Koffer habe, den er trägt, somit Bioness-los bin und schon mein Bestes gebe. Mehr ist grade nicht drin.

Angekommen, winke ich den Empfangsdamen zu.

„Moin, hab einen Termin mit Caro um 14:15 Uhr. Wir gehen schon mal hoch. Raum Drei?"

„Hey! Aufrechter laufen! Das kannst du besser." kommt die Ermahnung auch von denen.

Jan hält den Koffer hoch und erklärt, dass ich das System gerade nicht trage.

„Wir holen gerade sein Eigenes ab."

Jan und ich gehen hoch und wenig später kommt Caro mit einem Koffer rein. Mein Koffer.

Caro geht nochmal kurz raus, um eine neue Elektrode zu wässern (die Alten kommen in den Müll), während ich die Hose runterziehe. Ich lege die neue Manschette an, und Carolin lädt meine

Einstellungen aus der Patientendatenbank auf die neue Fernbedienung und freut sich, dass sie diesem Patienten nicht alles erklären muss. Hose wieder hoch, und dann geht's ans Probelaufen. Die Mattigkeit und Erschöpfung, die mich den ganzen Tag begleitet haben, fallen von mir ab, und der federnde Gang ist wieder da. Jan fallen fast die Augen aus dem Kopf. So eklatant ist der Unterschied. Ich drehe vier, fünf Runden, und Carolin macht noch ein paar Feineinstellungen. Dann probiere ich es, den Stock zu entlasten, und gehe zwei, drei kippelige Schritte ohne. Diesmal kein Wooahh mehr. Das geht also zwar noch nicht richtig gut, aber immerhin schon deutlich besser. Wir erörtern noch das Knie. Dass es zwar nach hinten durchgedrückt ist (nicht gut und schwer zu behandeln), aber zumindest nicht bei jedem Schritt nach hinten durchschlägt (was anscheinend ein gutes Zeichen ist). Ich werde im nächsten Monat die Botox-Sprechstunde im Uni-Klinikum Eppendorf angehen, um den Quadrizeps zu schwächen. Dann probieren wir vielleicht das L300-Plus Kniebeuge System aus. Jan schaut sich nach einer Schiene um, die das Knie nicht nach hinten durchdrücken lässt, und er hegt den Verdacht, dass ich damit komplett kollabiere. Wir werden sehen. Ein wenig experimentell, aber ich mache eh alles mit, was positive Veränderung bringt. Und es muss weitergehen. Denn es soll ja noch besser werden. Dann sind wir fertig. Ich bedanke mich bei Carolin. Und wir bleiben in Kontakt, denn sie erwähnte Wartungsintervalle. Wir gehen wieder runter und die Empfangsdamen:

"Hey, du läufst ja viel besser als gerade eben. Erstaunlich!"

Mattea holt mich ab. Wir wollten eigentlich einkaufen und dann essen gehen Aber ich bin so kaputt vom Tag ohne Bioness, dass wir das verschieben. Ab nach Hause. Feierabend für heute. Morgen gibt's wieder 200 Meter, mindestens. Wenn's nicht regnet. Ist ja immerhin Sommer.

Disclaimer:

Alle in diesem Text vorkommenden medizinischen Erklärungen, Meinungen und Ansichten entstanden alle aus Recherchen, Schlussfolgerungen und Beobachtungen eines schwer Hirngeschädigten und sollten daher nicht allzu ernst genommen werden, und schon gar nicht wörtlich!

Danksagungen

Jan, und die gesamte Mannschaft vom Ergoteam Ottensen.

Artour, und das komplette Team von Achilles Altona.

Carolin, und alle bei Mittelpunkt Mensch.

Frau Dr. Rosenfeld, meiner Neurologin.

Letztlich auch meiner Krankenkasse.

Mattea, Elsa, Michael, Jessica, Steffi.

Bioness, für das NESS L300®,

Christoph und Jessica fürs Korrekturlesen,

und alle, die ich vergessen habe.